MÉDITATION ET SPIRITUALITÉ : UNE PHILOSOPHIE

DE

SHIV MATHUR

TRADUIT PAR

ANISSA ZEKKOUTI

UN CHEMIN POUR ATTEINDRE UN ÉTAT MÉDITATIF STABLE

QUELQUES MOTS DE NOTRE TRADUCTRICE

En 2009, j'ai eu le privilège de rencontrer un mentor en méditation qui a profondément changé ma vie. Cette rencontre m'a ouvert les yeux sur le pouvoir transformateur de la méditation et de la spiritualité, me guidant sur un chemin de découverte de soi et de paix intérieure. C'est avec une immense gratitudeque j'ai maintenant l'opportunité de participer à ce projet.

J'ai rencontré Shiv pendant ma formation de professeure de yoga (YTT) et nous sommes immédiatement devenus plus que des mentor et élève ; nous sommes devenus de véritables amis. Ses enseignements ont significativement contribué à ma croissance personnelle, et à ce jour, notre amitié authentique nous reste chère à tous les deux. J'ai été profondément honorée lorsqu'il m'a demandé de traduire son livre en français pour lui et pour le monde.

En tant que professeure de yoga expérimentée, naturopathe diplômée, spécialiste en nutrition holistique et coach santé, je suis ravie de partager cette œuvre exceptionnelle.

"Meditation and Spirituality: A Philosophy" est bien plus qu'un simple livre ; c'est un témoignage de l'impact profond que la méditation peut avoir sur nos vies. À travers ce travail, j'espère partager la sagesse et les idées qui ont façonné mon propre chemin, et inspirer d'autres à entreprendre leur propre voyage de croissance spirituelle.

Je vous invite à me rejoindre pour explorer les profondeurs de la méditation et de la spiritualité, et découvrir la philosophie qui sous-tend cette pratique ancienne. Puissiez-vous trouver dans ce livre un guide et une source d'inspiration, vous aidant à trouver la paix, la clarté et une connexion plus profonde avec vous-même et le monde qui vous entoure.

Vous souhaitant le plus merveilleux des chemins...

Namaste,

Anissa Zekkouti

PRÉFACE

Je suis né à Varanasi le 09 mars 1966, c'était un jour propice car ce jour-là c'était un grand festival indien appelé « Mahashivaratri ». J'ai terminé mes études à Kota, au Rajasthan, puis j'ai fait du génie électrique à REC Warangal, Andhra Pradesh en Inde en 1989. Par la suite, j'ai rejoint la marine indienne. Je me suis marié en octobre 1991 et nous avons eu la chance d'avoir une fille en novembre 1994. La vie était trépidante en travaillant dans la marine indienne, mais en même temps, elle m'avait appris la discipline, l'idéalisme, l'humanité et le leadership. Au moment où j'ai atteint l'âge de 50 ans, notre fille avait terminé ses études universitaires en France puis à commencé à travailler à partir de 2017.

Nous traversons tous divers défis dans la vie, moi aussi. Cela m'a fait m'interroger sur la réalité de la vie et sur ce que nous recherchons . Qu'obtenons-nous vraiment de notre quête ? Et c'est ainsi que ma quête et lutte dans un monde tourné vers le matérialisme, où chacun essaie de répondre à toutes les aspirations et engagements de la vie m'ont conduit à un questionnement et un éveil de mon subconscient. Finalement, en 2015, alors que j'étais sur le point de me libérer de tous mes engagements familiaux et mondains, j'ai été attiré par l'Himalaya, ou plutôt Rishikesh pour être précis..

J'ai commencé à me rendre régulièrement à Rishikesh et par la suite à d'autres endroits à travers le Dev Bhoomi (La Terre des Dieux). Deux fois par an, j'e m'y rendais pour deux semaines. Plus tard, plus longuement encore. Toutes mes visites étaient prétexte à découvrir les régions avoisinantes, essayant de trouver de vrais saints et yogis. C'est à cette même période que je fus attiré par la musique dévotionnelle autrement connue sous le nom de bhajans/kirtans. Je pouvais l'écouter pendant des heures tous les jours avant d'aller dormir ousur le chemin du bureau. Je commençai également à regarder les enseignements de certains grands saints et yogis tels que Yogananda, Ramana Maharishi, Swami Rama, Swami Vivekananda, Nisargdutta Guru Maharaj,

Neemkaroli Baba ou encore Shri Yukteshwar Giri ji.

Les circonstances m'ont poussé à quitter mon emploi en mars 2019. C'était aussi mon désir ou plutôt mon intention, de ne plus travailler d'ici à 2019 pour me plonger dans ma quête de spiritualité; d'en faire ma passion et ma profession..

Lors de mes visites dans l'Himalaya, j'ai rencontré quelques vrais yogis mais j'ai également découvertes endroits où certains yogis avaient vécu autrefois. La première expérience elle-même m'a complètement transformé. C'était en 2015 dans la grotte de Tatwale Baba près de Rishikesh. Comme je m'étais préparé à recevoir cette grâce, alors elle me fut accordée. Cela s'est passé lors de ma première visite dans sa grotte. C'était comme si si je m'étais préparé, de manière inconsciente, àce chemin spirituel; et comme toute chose dans la vie, mon effort fut récompensé. L'expérienced'un esprit vide de toute pensée, et qui, depuis ce jour, est resté ainsi. Par vide de toute pensée, comprenez vide de toute

« pensée parasite ». Ainsi, si je travaille sur quelque chose, seules les pensées en lien avec mon activité me viennent. Et quand je ne fais rien, alors je reste quasiment vide de toute pensée.

J'eus quelques autres expériences similaires chez Acharya Bhaskar Joshi à Devprayag.

Au fur et à mesure que mon esprit se vidait, je commençais à obtenir des réponses et à comprendre comment tout cela avait pu arriver. Le processus complet et la méthode à laquelle j'avais été inconsciemment initié, se révélèrent à moi pour finalement me conduire à un état de stabilité mentale. J'ai alors compris que je pourrais être d'une grande utilité en amenant ce processus à d'autres personnes qui, elles aussi, étaient en quête de spiritualité. En séjournant dans les ashrams de Rishikesh, j'avais pu remarquer que beaucoup de gens, en particulier les Occidentaux, voyageaient en Inde en recherche de spiritualité et de découverte du yoga. Je voyais qu'ils étaient incapables d'obtenir cette vraie sagesse et ce qui leur était offert dans ces ashrams était un kit sur-mesure d'asanas agrémenté de quelques techniques de méditation. Beaucoup de jeunes professeurs de yoga enseignent dans ces ashrams et ils manquent, à mon sens, de profondeur d'âme. Ces ashrams sont peu à peu devenus pur marketing même s'ils apportent tout de même une expérience globalement enrichissante. Ils sont une porte d'entrée vers le chemin spirituel pour de nombreuses personnes. En cela, ils s'adressent aux débutants et autres visiteurs occasionnels. Les gourous d'antan étaient, au contraire, de vraies âmes réalisées. Par exemple, l'ashram Shivananda à Rishikesh a été ouvert par le yogi autodidacte Swami Shivananda et de nombreuses personnes ont pu bénéficié de sa présence et de ses enseignements.

Tout cela m'a amené à penser que si je pouvais transmettre mon expérience spirituelle, alors j'aurai le sentiment d'avoir apporté ma contribution au monde car il est important de redonner à la société. C'est ainsi que j'ai commencé à enseigner lors de mes premières visites en Europe à partir de juillet 2018 puis lors de mon emménagement en Pologne en mars

2019. L'idée était d'amener mes enseignements aux Européens. Malheureusement, en raison de l'arrivée de la pandémie de coronavirus en mars 2020, j'ai du mettre un terme à ce projet. Pendant mon confinement à Varsovie, j'ai alors décidé de mettre en ligne quelques vidéos de mes expéditions dans l'Himalaya et de mes rencontres avec de vrais yogis. Peu de ces vidéos furent populaires mais je fis tout de même d'autres vidéos sur la méditation et la spiritualité. En novembre 2020, je retourna en Inde. Des amis me demandèrent pourquoi je n'écrirais pas un livre. C'est finalement en mai 2022 que l'occasion se présenta à moi et me voici aujourd'hui à vous délivrer mon parcours. Tout dans la vie se passe au bon moment , quand le temps est venu.

Je suis reconnaissant à Dieu et à tous les saints et yogis dont l'aide et la grâce me guident dans ce chemin de vie. Je remercie aussi mes parents pour la manière dont ils m'ont éduqué, ayant fait de moi un être empathique. J'espère que ce livre éclairera le chemin des personnes en quête de spiritualité. Ce serait formidable que ma philosophie puisse les aider à se transformer intérieurement .

TABLE OF CONTENTS

CHAPITRE1

INTRODUCTION À LA MÉDITATION

1.1 QU'EST-CE QUE LA MÉDITATION ?

1.11 La méditation peut être définie de plusieurs manières. Pour la plupart des gens, son objectif premier serait d'atteindre un état mental stable empreint de bonheur, de calme et sérénité. En d'autres termes, atteindre un état de bonheur éternel ou de bonheur intérieur. Je dirais plutôt que cela devrait être l'objectif principal pour chacun d'entre nous. Selon moi, il y a différentes étapes vers la méditation.

1.12 Une autre façon de décrire le but de la méditation est d'atteindre la réalisation de soi, de retrouver son authenticité. C'est aussi celui d'atteindre la vérité absolue, celle de la vie et de se trouver soi-même. C'est aussi trouver Dieu, se connecter à lui pour élever son niveau de conscience. Il est aussi question de se débarrasser des pensées négatives et de vivre dans l'instant présent au lieu de fuir dans le passé ou le futur. Méditer c'est l'idée d'un esprit stable et purifié. C'est aussi comprendre la création et se décharger du stress et de ses soucis…

1.13 La méditation nous viendrait d'anciens

sages indiens. Il est d'ailleurs très intéressant de noter est que le mot sanskrit ou hindi pour la méditation est « dhyan » qui signifie concentration ou attention. Ce n'est qu'en atteignant un esprit concentré que l'on peut alorsse pencher sur le but ultime de la méditation. Par conséquent, l'esprit doit être entraîné ou je dirais reprogrammé pour atteindre un état méditatif.

1.14 Une fois ce but atteint, il nous est possible d'aller au-delà des confins de la conscience pour avoir une connaissance de la Création.

En d'autres termes, c'est en restant à un niveau de conscience plus élevé qu'il est possible de rechercher la connaissance et d'aller vers des expériences au-delà de l'espace et du temps.

1.15 Ainsi, la méditation peut être décrite de plusieurs façons, mais le but final reste le même. Il nous faut comprendre les différentes étapes et le processus même pour les atteindre.

1.16 **Par conséquent, il est essentiel de clarifier le but que l'on se donne**. Nous nous concentrerons uniquement sur le premier objectif qui est d'atteindre un état mental de calme et de contentement . C'est le but que je me suis donné car ce livre est le fruit de mes recherches, découvertes et expériences personnelles. Je ne peux parler que démon vécu. Acquérir des connaissances à travers des lectures est très différent de l'apprentissage que nous faisons par l'expérience directe. Lire, écouter peuvent être nos guides, mais sans expérience directe, cela manque de profondeur.

1.2 LES TEXTES ANCIENS ET LA MÉDITATION

1.2.1 Il existe de nombreux livres qui définissent la méditation et comment l'atteindre. Les yoga sutras sont parmi les plus utilisés dans la plupart des écoles et formations de yoga. Les sutras furent écrit par Sage Patanjali qui a codifié l'ensemble du processus dans une séquence logique. Sutra signifie assembler le puzzle ou connecter toutes les pièces. C'est une philosophie de l'interconnection qui demande des aller retours constants entre les différentes parties du texte . On pourrait également citer les Vedas, les Upanishads &la Bhagavad Gita, ainsi que quelques autres écrits plus anciens laissés par des saints pour le bénéfice de l'humanité. Le sage Patanjali a lui-même donné une approche méthodique de la signification profonde du yoga en huit étapes dans laquelle la méditation est la septième étape, la dernière étant le Samadhi. Le Yog (le « a » de « Yoga » est silencieux et « yoga » une erreur de prononciation) n'est pas seulement la pratique des asanas, c'est l'union de l'esprit et de la conscience. Les gens ont généralement l'impression que le yoga n'est qu'une simple activité physique alors que les asanas ne sont autres que le tout premier pas vers le yoga. La première étape est liée à la maîtrise du corps grâce aux asanas (les postures), l'alimentation et la capacité à regarder en soi par le retrait des sens .

Le pranayama quant à lui est le contrôle du souffle.

La question des asanas est très importante puisqu'il faut maîtriser une posture en particulier afin de pouvoir méditer. Si une personne ne peut rester sans bouger dans un asana, comme une posture assise au sol avec la colonne droite, alors il lui sera impossible de calmer son esprit.

C'est un aspect clé de la méditation, surtout quand on est novice et que l'on s'imagine que le professeur de méditation sera capable, par un tour de magie, de nous donner les clés de la méditation.

Ainsi, sans la pratique de cette asana, il sera compliqué d'atteindre un esprit calme. Patanjali a très bien expliqué ce processus vers la méditation. Malheureusement, la plupart des étudiants voit ce concept comme une simple technique physique en oubliant l'aspect profondément philosophique de cette méthode. Venons-en au vaste sujet du retrait des sens que je vais vous expliquer dans ce livre. En somme, nous parlerons Dharma et théorie du karma ou Védanta. Aussi étrange que cela puisse paraître, ça n'est autre que la compréhension de l'être humain.

1.2.2 Un autre bon livre sur le sujet de la méditation est « La Bible du yoga » de Swami Vivekananda.

1.2.3 Nous avons aussi « La conquête de l'esprit » de Swami Shivananda. Je recommande ce livre à tous les débutants.

1.2.4 Le message qui est au cœur de ce livre est de dépasser la simple lecture d'ouvrages et de vivre ses propres expériences. Tout le monde cherche des réponses dans les livres mais encore encore faut-il être capable de dépasser ce stade initial.

Le Jnana Yoga est l'un des quatre chemins vers la réalisation de soi qui doit nous amener à utiliser notre propre intellect pour rechercher la connaissance dans nos expériences de vie.

1.3 QUAND LA MÉDITATION DEVIENT UN BESOIN

1.3.1 Le problème est que le système éducatif moderne ne nous apprend rien de l'humanité ou encore du développement humain. Notre société et le style de vie que nous menons nous ont complètement éloignés du développement personnel. En fin de compte, nous avons crée des générations successives d'individus pour lesquels être humain signifie peu de choses.

A leur sortie des universités, les étudiants ignorent tout du sens profond de la vie. Nous démarrons une course effrénée au matérialisme qui nous vient de notre éducation; nous éloignant peu à peu de la nature et nous menant à une impasse. La société dont les fondements sont l'argent, le capitalisme, le consumérisme et le matérialisme produit des être humains foncièrement cupides, égoïstes et ignorants, enclins à la haine et à la jalousie. Chaque jour augmente notre charge de stress et personne ne comprend ce qui lui arrive jusqu'à ce que le corps et l'esprit soient si maltraités que nous finissons par tomber malade, tant mentalement que physiquement. Et quand nos symptômes s'aggravent, nous nous tournons vers la médecine moderne comme solution, bloqués dans cette même impasse jusqu'à développer des symptômes plus graves, finir en burnout ou avec toute autre maladie mentale. Certains passent leur vie ainsi, fuyant leur réalité. Il devient plus facile d'en vouloir aux autres pour tous nos déboires. Je rencontre parfois des personnes âgées très stressées, sans même savoir pourquoi. Ceux dont l'égo n'est pas démesuré essaient parfois de comprendre le message car c'est bien l'égo qui nous empêche de regarder en nous pour donner du sens à ce qui nous arrive. Parfois, ce sont les coups durs à répétition qui nous poussent vers la recherche de réponses. C'est ainsi que l'on se tourne vers des pratiques ancestrales telles que la méditation, courants spirituels découverts par des sages, yogis et autres philosophes. On cherche alors celle ou celui qui pourra nous guider, nous guérir, et nous aider à changer. Quand on perd le sens de la vie, on se sent alors si désœuvré qu'il nous devient difficile de le trouver. Les lectures spirituelles, quand elles sont utilisées à bon escient, peuvent être des guides précieux vers le retour à l'humanité. Que ce soit la Bhagavad Gita ou les Upanishads, ou même la Bible. Il vaut mieux étudier ces œuvres seul sans chercher à passer par de quelconques cours ou conférences. Seul le travail constant et l'effort conscient peuvent nous ouvrir la voie vers les fondations même de notre existence et le fonctionnement de l'être humain.

1.3.2 Il y a des milliers d'années de cela, les sages et les yogis d'Inde découvrirent que ces techniques nous avaient été transmises par Lord Shiva connu sous le nom d'Adiyogi. Il transmis cette science yogique à sept Rishis.

La Constellation de la Grande Ourse est connue en Inde sous le nom de sept sœurs ou SaptRishis

(« Sapt » signifie sept et « Rishis » signifie Sages) . Ces sept sages reçurent sept sciences.

1.3.3 Par conséquent, ceux qui veulent méditer sont ceux qui ont finalement compris qu'il était temps de sortir de ce piège matérialiste et illusoire afin de découvrir la réalité qui mène à la paix de l'esprit. Certains veulent trouver la paix mais ne sont pas prêts à quitter leur mode de vie matérialiste. Ils auront au moins réalisé qu'une certaine paix de l'esprit leur était nécessaire.

1.3.4 C'est ainsi que cette philosophie nous aide à comprendre peu à peu comment vivre dans ce monde matérialiste tout en ayant l'esprit en paix. Le secret est que l'on peut vivre heureux dans ce monde à condition d'être complètement détaché, en mettant l'accent sur l'accomplissement de ses devoirs « Karma » selon le Dharma.

1.3.5 Nous allons bien sûr approfondir cette philosophie. Mon but est qu'à travers ce livre, vous puissiez obtenir la clé pour ouvrir vous-même la porte qui vous permettra d'avancer surle chemin de la réalisation de soi et du bonheur. La clé est d'utiliser votre intellect et votre capacité de questionnement, d'analyse, votre raisonnement pour découvrir ce grand voyage qu'est la vie. Toutes les réponses sont en nous. Il nous suffit de les chercher en nous posant les bonnes questions avec honnêteté et sincérité.

LA PHILOSOPHIE

LES QUATREPILIERS

1. FONCTIONNEMENT DE L'ESPRIT
2. HUMAN DESIGN- DHARMA
3. RÔLES ET RESPONSABILITÉS- KARMA
4. CORRÉLATION ÉNERGÉTIQUE DES PENSÉES

1.3.6 Le but est d'arrêter de croire la pensée et les croyances populaires pour trouver nous-mêmes la vérité. Trouvez la personne à qui vous fierait non les bruits du monde sans quoi vous deviendrez des suiveurs de commérages. Notre capacité à discerner le vrai du faux pour porter le bon jugement dans n'importe quelle situation est ce dont nous avons réellement besoin. Swami Rama aimait penser que tout ce que nous avons lu dans les livres n'est pas le fruit de nos propres découvertes, ce ne sont que les conclusions de quelqu'un d'autre selon son propre vécu et sa propre logique. Par conséquent, ce livre n'a pas vocation à vous instruire, à travers mes expériences. Il est là pour piquer votre curiosité, que vous puissiez explorer les choses par vous-même. Ceci n'est qu'un guide. La réalisation de soi est comme une chasse au trésor où vous obtiendrez des indices mais c'est à vous que revient la chasse. Souvenez-vous du fameux jeu « Snakes and Ladders » .

1.4.1 Nous diviserons cette philosophie en quatre grandes sections comme décrites ci-dessus. Nous avons vu comment définir la méditation dans les paragraphes précédents, il est temps d'étudier le cœur de cette philosophie en quatre étapes. Les quatre prochains chapitres nous plongeront dans la découverte de ces quatre piliers .

1.4.2 L'être humain a été conçu dans un but précis. Chacune des créations de ce monde a un but spécifique et Dieu lui a fourni certains traits et caractéristiques pour lui permettre d'atteindre ses objectifs. La Création n'étant pas aléatoire, une uniformité est nécessaire. Le Dharma n'est autre que les caractéristiques humaines selon lesquelles chaque être humain devrait accomplir ses tâches et responsabilités. Le Dharma est le mode d'emploi du fonctionnement optimal des êtres humains. Il est nécessaire à chaque être humain de suivre ce parcours bien défini. Ils ont à la fois l'intellect et la volonté requise pour suivre le bon chemin et éventuellement être libérés du cycle de la naissance et de la mort. Quand une personne meurt, on dit qu'elle est montée au ciel, bien que ce soit le corps seul qui meure et c'est l'âme qui monte. C'est en l'âme que se trouve notre véritable identité, celle qui est immortelle. Le cycle de naissance et mort se poursuit et l'âme passe d'une forme de vie à une autre jusqu'à prendre forme humaine, se libérant de ce cycle afin de se lier à la Conscience Universelle. Il ne saurait y avoir d'autre conclusion logique et s'il y en eût, quelle serait alors la raison de notre présence sur Terre ? Ce sujet prête à controverse et certains ne sont probablement pas d'accord avec mes propos, auquel cas, libre à vous de les ignorer. Le design humain n'en reste pas moins logique car toute chose en ce monde a été crée dans un but précis. L'être humain n'être autre qu'un des divers produits de la Création. Et même si notre égo nous amène à penser le contraire, nous ne saurions être au-dessus des autres espèces présentes sur la planète. C'est d'ailleurs ce sentiment d'unité que nous avons perdu et qui ne saurait revenir sans ouvrir notre conscience à la vérité absolue de le création divine et de l'expérience humaine.

Le Dharma n'est autre que les caractéristiques humaines adéquates sur lesquelles chaque action et chaque pensée humaine devraient être basées dans l'exécution de nos karmas ou devoirs. Nous pourrions aussi l'appeler « constitution humaine » au même titre que l'on parle dela « constitution d'un pays » ; telle une loi que l'on nommerait « design humain ». Une sorte de miroir où chaque individu pourrait se regarder pour comprendre où il en est vis à vis des caractéristiques à suivre.

Une fois que nous aurons compris le Karma et son intime connection au Dharma, alors nous pourrons aller voir du côté de la compréhension de nos schémas de pensée set du fonctionnement de l'esprit. C'est à ce stade que nous verrons comment chaque karma crée une pensée, qu'elle soit négative ou positive(bonheur ou tristesse) , selon que le karma soit conforme ou non au dharma. Je pense que ce sujet est désormais plus clair pour vous mais nous reviendrons dessus plus en détail par la suite. Nous verrons également comment le champ énergétique collectif est sans cesse créé par les actions ou karmas que nous exécutons, voire même par les seules pensées que nous entretenons sans cesse. Gardons en tête que les pensées sont le résultat de données que notre cerveau reçoit par le biais de nos cinq sens et de notre mémoire.

CHAPITRE 2

LE FONCTIONNEMENT DE L'ESPRIT

2. QUEL EST L'OBJET CIBLE DE LA MÉDITATION ET DE L'ESPRIT ?

2.1 La cible est l'esprit, c'est la source de nos maux, c'est donc lui doit être contrôlé et calmé. Si l'esprit est calme, alors nous pouvons atteindre un état de paix, de calme, de contentement et de bonheur. C'est la première bataille à gagner et le premier jalon sur le chemin de la méditation. L'étape suivante est de prendre conscience de qui nous sommes, pour enfin se reconnecter et s'identifier à notre âme et ne faire qu'un avec la Conscience, l'Univers ou même Dieu.

2.2 Si nous assumons que l'ESPRIT est notre cible, à la fois en tant qu'objet et sujet, alors ne devons-nous pas nous attacher à comprendre comment fonctionne l'esprit ? Une fois au clair sur le fonctionnement de l'esprit, il sera facile de reprogrammer son esprit et le faire fonctionner de la bonne manière. Ainsi, au lieu que notre esprit nous contrôle, nous serons en mesure de contrôler notre esprit et il cessera d'errer et de n'en faire « qu'à sa tête » . Voilà pourquoi la méditation consiste à apprivoiser l'esprit et à le rendre disponible chaque fois que nécessaire.

2.3 Nous devons également comprendre pourquoi notre esprit nous contrôle et pourquoi il se comported'une certaine manière. La cause est les mauvaises pensées que nous générons et figurez-vous que les choses ne vont pas en s'arrangeant. Notre éducation programme notre esprit doucement mais sûrement. L'influence sociétaleexterne et les enseignements que nous avons créent des schémas de pensées, programment notre esprit à se comporter d'une certaine manière. Ça n'est qu'en cernant ces schémas inconscients que nous pourrons être à même de les corriger. En modifiant ces derniers de façon récurrente, nous serons en mesure de se débarrasser des indésirables. L'esprit sera alors reprogrammé pour agir en adéquation avec le design humaine les caractéristiques humaines.

Personne ne nie la nécessité d'être une bonne personne sans jamais essayer de comprendre ce que le terme bon signifie vraiment. C'est ainsi qu'aucun effort n'est fait pour vivre comme un bon être humain. Nous nous complaisons dans le divertissement qui nous rend esclaves de notre esprit depuis la nuit des temps. C'est ici la vraie raison de nos souffrances, qui ne sont que pure création de notre esprit.

2.4 Nous devons également comprendre comment ces pensées arrivent à nous et ce qui les déclenche.

Par conséquent, regardons comment cela se déroule étape par étape.

Les pensées nous viennent des organes sensoriels et souvenirs stockées dans notre mémoire. Nous avons cinq organes sensoriels à partir desquels les informations sont envoyées au cerveau où le signal sera traité. Comme tout ce que nous voyons est traité par les yeux grâce à la vision, tout ce que nos yeux voit est envoyé au cerveau par les nerfs. Les nerfs font ainsi le pont entre nos yeux et notre cerveau. Le signal doit ensuite être traité par le cerveau. Chaque information qui arrive au cerveau sous la forme d'un signal électrique a donc de l'énergie. Selon la manière dont notre cerveau a été programmé, le signal entrant est traité afin de générer un signal sortant. La logique veut que l'énergie soit transformée et qu'à chaque entrée corresponde une sortie. Ainsi, une fois le signal reçu, le cerveau le traitera en fonction de son mode opératoire habituel, tout comme un ordinateur avec son système informatique. En cela, le cerveau humain et l'ordinateur sont similaires. C'est notre schéma d'éducation depuis l'enfance qui va programmer notre cerveau, tout comme notre karma et destin. Nous portons avec nous les stigmates de nos vies passées, le voyage de l'âme et non du corps .

Outre les cinq organes sensoriels, le cerveau reçoit aussi des informations depuis notre mémoire, de même que des souvenirs subconscients où sont probablement stockés nos vies passées tout en nous étant inaccessibles.

Les événements de notre vie sont stockés dans notre mémoire et nous impactent. Il peut s'agir de doux souvenirs autant que de souvenirs tristes, de traumas.

Ces souvenirs que nous avons emmagasinés continuent d'envoyer des signaux à notre cerveau à intervalles variables en fonction de l'impact qu'ils ont eu sur notre psyché. Il est parfois difficile d'oublier certains événements.

Ces derniers vont continuer d'envoyer un signal à haute fréquence à notre cerveau, nous menant à des inquiétudes constantes, des pensées négatives allant de la tristesse à la dépression.

Voilà pourquoi il est essentiel de comprendre comment les pensées se créent dans notre esprit. Nous avons vu que nos organes sensoriels et notre mémoire déclenchent nos pensées. Nous devons aussi comprendre comment elles sont traitées par notre cerveau. D'une certaine manière, il s'agit de cerner la programmation de notre cerveau.

Par exemple, si une personne n'aime pas les chats noirs, c'est qu'asa première rencontre avec un chat noir, quelqu'un lui a suggéré que les chats noirs n'étaient pas de bon augure et ainsi, cette personne a intériorisé que les chats noirs ne sont jamais une bonne chose. Ainsi, en présence d'un chat noir, la personne se dit« Un chat noir ! Quel mauvais présage ! » Elle finira par être convaincue à jamais qu'un chat noir est toujours mauvais signe. Pour faire simple, c'est essentiellement de l'école, des amis ou de la famille ou encore de ce que nous lisons ou regardons que nous commençons à nous forger nos opinions. Nos apprentissages, dès l'enfance, créent nos perceptions et modèles qui deviennent nos habitudes ou nos outils de compréhension du monde. A quel problème devons-nous ainsi faire face ?

Et bien, nos enseignements imparfaits viennent se graver dans notre cerveau sous forme de programmation cérébrale, nous donnant nos caractéristiques. Et comme tout n'est que changement, il nous est toujours possible de nous ouvrir à de nouveaux schémas tout en changeant les anciens.

Mais pourquoi donc notre éducation diverge t'elle autant? Dans les écoles et universités, seule l'éducation moderne est dispensée sans aucun enseignement sur l'humanité. Par conséquent, en matière de développement personnel, aucun socle communn'est enseigné. Alors quelle est cette base commune qui devrait servir de référence et être enseignée à chaque individu ? C'est ce qu'on appelle le Dharma. C'est ce que l'on pourrait nommer une loi ou pourrait-on dire aussi Design humain qui décrit les qualités nécessaires à tout être humain.

Afin de comprendre la manière dont nous créons nos pensées, nous ne discuterons que d'une seule qualité ici puisque le Dharma ou Design humain sera longuement discuté au chapitre 4.

L'une des caractéristiques dont nous allons parler maintenant est celle de la jalousie, et de la manière d'être toujours heureux face au bonheur et à l'évolution d'autrui. Si une personne a été conditionnée à la jalousie, alors son cerveau génère automatiquement une pensée négative ou un sentiment de tristesse.

A contrario, l'absence de jalousie sera considérée comme une qualité humaine standard. Il est vrai que ce qui nous est favorable en tant qu'humain nous est a priori naturel car ancré dans nos âmes. C'est notre vraie nature de posséder ces qualités ou valeurs humaines. Nous pourrions énumérer toutes ces qualités les unes après les autres pour ensuite évaluer de quelle manière chacune d'entre elles se rapporte nous. Ainsi, nous pourrions voir comment chacune affecte un type de pensées dans notre esprit. Je suis sûr qu'à ce stade tout le monde aura compris le processus de génération des pensées des organes aux sens et leur relation à notre cerveau. Ce dernier va lui-même traiter les signaux reçus conformément à nos habitudes de pensées ayant pour résultat une pensée positive ou négative .

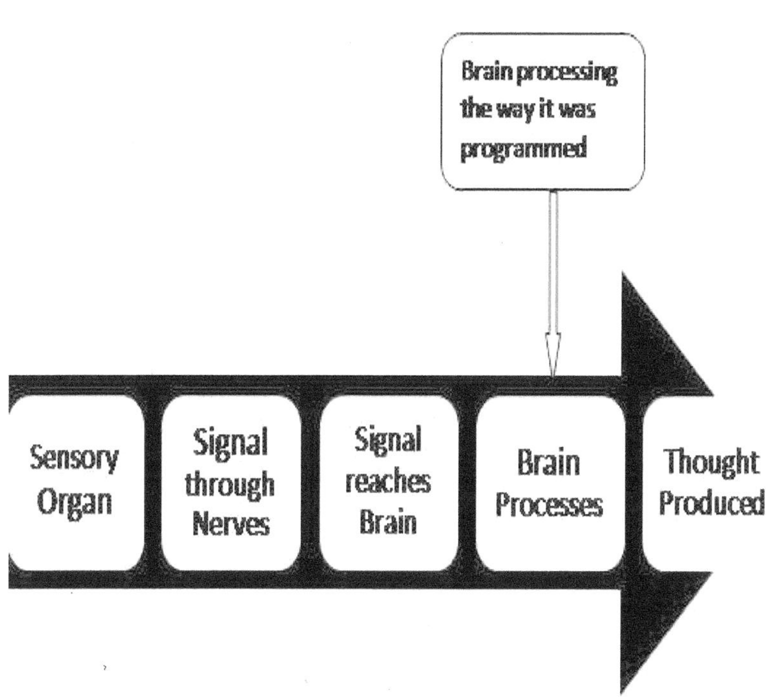
Brain processing the way it was programmed
Sensory Organ
Signal through Nerves
Signal reaches Brain
Brain Processes
Thought Produced

JUST BEE

Méditation à Genève Mars 2019

Méditation à Bruxelles Avr 2019

CHAPITRE – 3

LE KARMA

LE BUT DE LA VIE : RÔLES ET RESPONSABILITÉS

3.1 Le Karma n'est autre que les rôles et responsabilités qui nous sont assignés par le cadre social où nous vivons pour nous assurer une coexistence harmonieuse. Il correspond aux tâches à entreprendre, et amener de manière optimale. Par exemple, une voiture fonctionnera parfaitement si son système est ajusté selon ses spécifications et si elle est bien entretenue. A défaut, elle ne répondra pas à nos attentes. Il en va de même pour les humains vis à vis de leurs rôles et responsabilités selon lés attentes que la société projette sur eux.

Nous avançons à toute allure, sans idée claire du but de de notre existence. Et pourtant, le but premier de notre vie est d'évoluer avec générosité, de vivre en paix, entouré d'amour et de bonheur. C'est notre objectif à tous, cependant, nous vivons dans un monde qui priorise des objectifs matérialistes que nous poursuivons tous, mettant au second plan nos valeur set buts fondamentaux. Contrairement aux animaux qui répondent parfaitement aux rôles et buts qui leur ont été attribués, nous, les humains, avons été dotés decette capacité d'évolution pour améliorer nos performances et résultats.

3.2 Regardons alors quels sont nos rôles et responsabilités à l'âge adulte. Yavons-nous déjà même pensé ? Probablement pas.

3.3 Nous assumons des rôles divers : celui d'être fils, fille, mère, père, cousin, voisin, employé, gestionnaire, enseignant, médecin, ingénieur, employé du gouvernement, etc. Dans chacun de ces groupes et pour chacun de ces rôles correspond une description. Qui donc a bien pu mettre au point un tel système afin que les humains soient au fait de leur rôle sur un plan social et personnel? Littéralement personne. Nos parents nous ont-ils parlé de nos devoirs en tant que père ou mère? Avons-nous enseigné cette science à nos enfants ? La réponse est clairement non.

3.4 N'est-il pas temps de nous asseoir afin de réfléchir à nos responsabilités pour chaque rôle qui nous a été assigné au sein de ce monde dans lequel nous vivons? Il est tout à fait étrange que notre éducation ne nous l'ai pas enseigné. Peut-être cela a t'il perdu de son importance au fur et à mesure de l'importance que nos objectifs matérialistes ont pris dans nos vies, ne laissant aucune place à ces enseignements ni à cette introspection.

3.5 Une fois que nous aurons cerné nos rôles et responsabilités, nous saurons parfaitement les missions qui nous incombent chaque jour de nos vies. À chaque rôle correspondent certaines tâches à effectuer selon une certaine fréquence d'occurrence. Ainsi, nous devons être concentrés sur nos tâches afin de les réaliser avec succès. Nous devons aimer les réaliser de manière désintéressée, sans nous soucier du résultat. Nous verrons plus tard pourquoi ne pas nous soucier du résultat final. Il est tout simplement inutile denous inquiéter, c'est aussi simple que cela, surtout que la paix d'esprit est au cœur de ce livre. L'important est de bien accomplir ces tâches dans l'intérêt des autres.

3.6 Venons-en maintenant à la méthode, qui est basée sur le Design humain ou Dharma (la Loi). Le Dharma ou Design humain reflète les caractéristiques humaines de chaque personne. Si nous travaillons au mieux de chaque caractéristique, alors chaque action sera parfaite et chaque pensée et action en découlant sera source de bonheur. Ainsi, rien ne déclenchera jamais de pensées négatives dans notre esprit.

3.7 Si nous suivons ce schéma en restant conscient et aligné àce système de fonctionnement, alors il n'y aura jamais de conflits dans l'esprit de l'Homme car ce dernier sera maintenant en accord avec son schéma de fonctionnement optimal.

3.8 Dès lors que nous fonctionnons selon nos caractéristiques optimales, nous créons un champ énergétique élevé et positif, capable d'élever les vibrations du corps à un niveau où les perceptions humaines sont également plus hautes. À ce stade, l'énergie créée est également en résonance avec l'âme et l'axe énergétique externe de l'univers. C'est dans cette énergie d'alignement et de résonance que nous pouvons fonctionner de manière parfaitement harmonieuse. Une fois alignée à la Création, les manifestations peuvent alors se concrétiser . La Création nous aide à réaliser ce que l'on entreprend dans le cadre de nos rôles et responsabilités.

3.9 Nos actions et projets ne sont qu'une question d'intentions et non d'attentes de résultats. L'accent doit être mis sur l'exécution parfaite de nos tâches et non l'attente de résultats. Si nous nous concentrons sur le résultat, nous oublions alors de nous concentrer sur l'exécution, déclenchant des pensées vis à vis de nos attentes. C'est ainsi que nous finissons par encombrer notre esprit et rendre nos vies inutilement compliquées.

3.10 Essayons d'énumérer les rôles et responsabilités et de répertorier les tâches qui y sont associées pour notre compréhension par un processus d'introspection. Veillons toutefois à le faire avec honnêteté et sincérité, avec une belle ouverture d'esprit ouvert au lieu de laisser libre cours à notre ego.

Par exemple, nous pouvons énumérer les tâches attribuées aux femmes concernant les relations. Cela peut sembler un tant soit peu radical et choquant car vous ne l'avez probablement jamais fait auparavant. Nous pouvons être d'accord ou non, là n'est pas la question, l'idée est simplement d'énumérer nos responsabilités; celles-ci doivent être pensées avec sincérité, sans nous comparer aux autres, sans quoi nous ne nous rendons pas justice.

3.10.1 **Les parents** :

3.10.1.1 Prenez soin de la santé et des besoins quotidiens de vos parents s'ils nécessitent votre soutien pour les assouvir. Selon votre âge et votre situation, des tâches vous incombent, pas à l'âge de 10 ans mais à 30 ans oui. Vous devez vous assurer de leur offrir votre soutien moral, financier et physique chaque fois que cela est nécessaire. Cela sera variable pour chaque personne et ne s'appliquera donc pas à tous, chaque situation étant différente. Les soins doivent être définis dans chaque cas. Et celui qui nécessite votre aide (votre mère) ne doit pas l'exiger : c'est à l'aidant d'identifier les ressourcesà apporter.

Il en est de même pour une mère qui s'occupe de son enfant. Elle sait ce qu'il faut faire et s'en charge de manière désintéressée avec amour, passion, compassion, inlassablement...À nous d'y réfléchir. Pouvez-vous laisser vos parents désœuvrés? Si l'on ne peut pas respecter pleinement ces engagements, comment donc pouvons-nous les gérer au mieux dans nos circonstances actuelles. Définir nos tâches, est très subjectif car chaque situation est totalement unique.

3.10.1.2 Prenez-vous du temps pour vos parents? Combien de fois allez-vous les voir pour passer du temps avec eux ? Comment maintenez-vous le lien? Les négligez-vous?

3.10.1.3 Quels sont leurs besoins émotionnels et comment pouvez-vous y répondre?

3.10.2 **Les enfants**

3.10.2.1 De combien de temps votre enfant a-t-il besoin? Pourquoi?

3.10.2.2 Combien de temps passez-vous à discuter avec vos enfants?

3.10.2.3 Passez-vous du temps avec eux, pour des activités en extérieur ou encore des jeux de société ?

3.10.2.4 Ont-ils besoin de votre aide pour les aider dans certaines matières, si cela fait partie de vos compétences ?

3.10.2.5 Bénéficient-ils d'une exposition suffisante à des activités liées à leur développement professionnel et professionnel?

3.10.2.6 Leur parlez-vous aussi des valeurs humaines, pour faire d'eux de bons êtres humains ?

3.10.2.7 Vos actions sont-elles exemplaires ?

3.10.2.8 Avez-vous identifié comment éduquer vos enfants et en faire des personnes indépendantes, bien éduquées afin qu'ils puissent s'épanouir émotionnellement et financièrement?

3.10.3 **Vie Maritale**

3.10.3.1 Cuisinez-vous pour votre époux ou assurez-vous la gestion des tâches domestiques (si vous êtes une femme au foyer)?

3.10.3.2 N'êtes-vous pas trop en demande de biens matériels ?

3.10.3.3 Prêtez-vous suffisamment attention à ses besoins?

3.10.3.4 La communication se fait-elle bien entre vous? Passez-vous suffisamment de temps à discuter de sujets personnels, familiaux et professionnels ?

3.10.3.5 Êtes-vous flexible quand à la prise de décisions ou imposez-vous les vôtres?

3.10.3.6 Avez-vous identifié d'autres tâches qui lui apporteraient du soutien sur des sujets épineux ?

3.10.3.7 Êtes-vous présente dans les moments stressants lorsqu'il a besoin que vous soyez à l'écoute ?

3.10.3.8 Reconnaissez-vous des domaines qui sont ses points faibles et où vous pourriez prendre les devants et le guider?

3.10.3.9 Discutez-vous ensemble de vos projetsà court et long termeet êtes-vous alignés sur ces derniers ?

3.10.3.10 Êtes-vous toujours là quand il a besoin de vous ou êtes-vous trop occupée à assouvir vos propres besoins?

3.10.3.11 Essayez-vous de lui imposer vos tâches de manière injustifiée et égoïste, sans comprendre son stress et sa charge de travail quand celle-ci dépassent ses capacités ?

3.10.4 Voisinage :

3.10.4.1 Quel genre de relations entretenez-vous avec vos voisins?

3.10.4.2 Êtes-vous en bons termes avec eux?

3.10.4.3 Les aidez-vous chaque fois que nécessaire, dans la mesure où vous le pouvez?

3.10.4.4 Faites-vous preuve de bienveillance envers eux?

3.10.5 **Les proches** (tantes, oncles, cousins…)

3.10.5.1 Êtes-vous une force de cohésion et de lien avec vos proches?

3.10.5.2 Communiquez-vous de la bonne manière et au moment opportun avec eux ?

3.10.5.3 Êtes-vous là en cas de besoin chaque fois que cela vous est possible?

3.11 Si vous êtes un homme, référez-vous aux points ci-dessus, hormis pour ce qui suit:

3.11.1 Répondez-vous pleinement de vos devoirs afin de fournir une vie agréable à votre famille? Engagez-vous les ressources nécessaires pour assurer une bonne éducation à vos enfants? Il est très fondamentalement de la responsabilité de tout homme de s'assurer que tous les besoins logistiques familiaux soient satisfaits par son travail d'un point de vue purement financier et par d'autres tâches quand il s'agit de services. De nombreuses tâches dans la maison reviennent au au couple qui se complète dans l'accomplissement des responsabilités familiales (parents, enfants et entourage en font parti car ils sont au cœur du tissu social dans lequel nous évoluons).

Par le passé, l'homme s'occupait de travailler et de subvenir aux besoins de la famille pendant que les femmes restaient à la maison. Aujourd'hui, le modèle a changé et devient source de discorde dans les relations hommes femmes pour des raisons purement égoïstes. Notre monde actuel n'a fait qu'empirer les choses. On peut voir où tout cela nous mène. Le tissu social et les relations humaines se dégradent continuellement.

3.12 Bien que nous ayons rapidement fait le tour des rôles et responsabilités, l'idée est avant tout pour chacun de nous de poser un regard honnête à leur égard. Avant de changer de sujet, nous devrions prendre toute la mesure de nos devoirs et voir comment cela s'inscrit dans notre modèle familial. Des motifs purement égoïstes et une envie de se dérober à ses devoirs intrinsèques mènent forcément à des déséquilibres systémiques. Il en est de même de nos préjugés sexistes. Tout changement interne à notre société doit être mis en œuvre de manière systématique, mais à l'intérieur du foyer, il en est tout autrement. Nous pourrions passer des heures à en débattre sans aucun effort réel de compréhension afin de développer une vraie conscience de nos rôles et devoirs.

Aujourd'hui, parmi la jeune génération, peu sont prêts à assumer leurs responsabilités. Certains ne sont même pas au fait de leurs responsabilités au moment du mariage. Ils ne sont pas non plus disposés à travailler dur ni même à assumer leur devoir de parents qu'ils considèrent comme un fardeau à éviter. Ils sont plus égoïstes et paresseux, à l'affût de confort matériel. L'éducation est devenue laxiste, et cela ne les prépare pas au monde réel.

Ces nouveaux changements dans la société conduisent à une dégradation d'ensemble du tissu familial. Les relations s'enveniment et personne ne respecte les règles de la société. Ces échecs mènent finalement à l'agonie mentale et à la dépression et, à long terme, on finit par en oublier la valeur des choses.

Je dirais que nous créons des générations d'enfants égarés et sans repères. La raison est simple : ils sont élevés avec laxisme, et quand ils se préparent à la réussite, ils succombent à la pression. Ils sont tout aussi incapables de gérer les relations qu'ils ne le sont de répondre à leurs devoirs.

Il est donc crucial que chacun comprenne ses rôles et devoirs de manière authentique sans quoi chaque personne est condamnée à mener une existence vide de sens.

CHAPITRE – 4

DHARMA

HUMAIN DESIGN

4. QU'EST-CE QUE LE DESIGN HUMAIN ET POURQUOI DEVONS-NOUS NOUS Y INTÉRESSER ?

Le principe du Karma étant désormais clair, penchons-nous sur le Dharma. Il y a trois aspects très importants qui doivent être compris et qui sont tous liés.

4..1 Le Design Humain -Y a-t-il une seule chose en ce monde qui fut créée sans but et sans un design unique? Si nous voulons nous comprendre nous-mêmes, n'est-il pas nécessaire de connaître notre modèle de base et comment elle doit nous mener à nos objectifs

4.2 Le sens de la vie - Ainsi nous devons comprendre le sens à donner à nos vies tant au niveau personnel que professionnel.

4.3 Comment atteindre cet objectif - Enfin, il est essentiel de nous demander comment opérer pour atteindre notre but.

4.4 L'univers entier n'est rien d'autre que conscience, un flux d'énergie en transformation constante sans être jamais détruit ni créé. Cela a été prouvé par la science moderne. Chaque création répond à la logique de l'univers.

4.5 Tout ce qui a été créé par l'univers ou même les humains a un but et un design spécifique en fonction de l'idée créatrice à l'origine. Alors comment pourrions-nous, nous nous différencier les uns des autres en tant qu'être humains si nous sommes originellement tous égaux? Quelqu'un a-t-il jamais pris la peine de penser au but ultime de cette création ?

4.6 Selon moi, le but est de réaliser qui nous sommes, comment vivre et accomplir nos tâches, quelles que soient celles qui nous sont assignées. Nous devons aussi comprendre cette enveloppe mortelle et cette âme immortelle à l'intérieur de nous qui nous unit à la Conscience et l'Énergie du cosmos.

4.7 Par conséquent, il est important de comprendre le design humain ou caractéristique humaines. Nous allons maintenant lister les qualités humaines afin de savoir où nous en sommes vis à vis de chacune d'elles. Nous pourrons ainsi prendre conscience de nos défauts et les corriger par un effort conscient et constant. En effet, comment corriger nos défauts si nous n'en avons pas conscience ? Comment faire un effort pour nous en débarrasser ? Nous pouvons nous changer mais nous ne pouvons changer les autres. Réaliser nos propres défauts pour les changer, voilà notre mission. Tout ce qui ne va pas doit être corrigé pour agir conformément à ce qui est attendu de nous. Par conséquent, chacun d'entre nous doit purement et simplement chercher à s'améliorer continuellement afin d'améliorer ses propres performances. C'est en devenant un individu pur que nous pourrons nous réaliser pleinement en tant qu'être humain. Nous pourrons alors atteindre le bonheur suprême, la paix d'esprit et une existence pleinement méditative.

4.8 En changeant notre façon de voir les choses et en transformant nos défauts en qualités, nous nous débarrassons de toutes nos pensées négatives car **ce sont nos défauts *qui sont à l'origine de celles-ci*.** Une fois cette aspect maîtrisé, nous pourrons démarrer ce processus de transformation intérieure et la mettre en œuvre progressivement afin d'arriver à l'état souhaité et ainsi libérer notre esprit de l'assaut des mauvaises pensées.**La tranquillité d'esprit en sera la finalité.**

DESIGN HUMAIN

S	Qualities	1	2	3	4	5	6	7	8	9	10
1	Absence d'Ego										
2	Vérité										
3	Altruisme										
4	Patience										
5	Ne pas se Comparer										
6	Absence de jalousie										
7	Générosité										
8	Bienveillance										
9	Compassion										
10	Passion										

11	Travailleur/se										
12	Responsable										
13	Tolérant(e)										
14	Sans colère										
15	Sans cupidité										
16	Détaché(e)										
17	Sans attentes										
18	Sans haine										
19	Amour inconditionnel										
20	Sens du sacrifice										
21	Indulgence										
22	Bonté										
23	Confiant(e) en la vie										
24	Non contrôlant(e)										
25	Accepte ses erreurs										
26	Confiant(e)										
27	Sans peur										
28	Confiant(e)										
29	Calculateur/ rice										

30	Logique										
31	Prise de décision facile										
32	Sens du don										
33	Simple										
34	Austère										
35	Ancré(e)										
36	Sans luxure										
37	Acceptance										
38	Foi										
39	Empathie										
40	Non manipulateur/rice										
41	Lâcher prise										
42	Non possessif-ve										
43	Organisé(e)										
44	Propre et organisé(e)										
45	Sans envies										
46	Sans danger										
47	Gratitude										

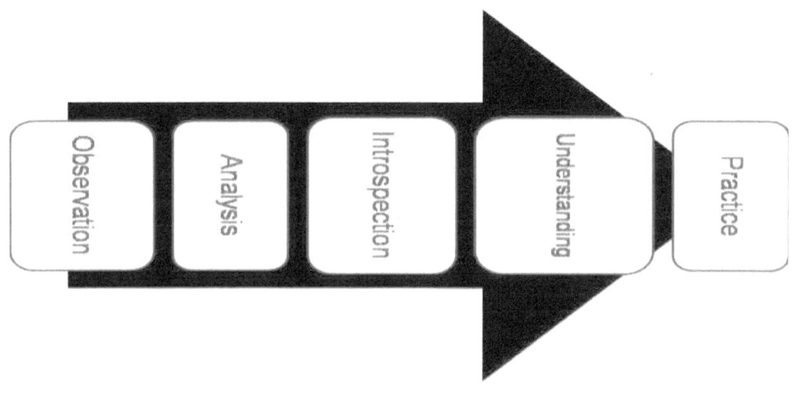

4.8 Le miroir humain énumère toutes les qualités humaines fondamentales existantes ainsi que les qualités humaines secondaires. Elles sont illustrées dans notre quotidien. Les qualités humaines requises sont présentées dans le diagramme ci-dessus. Ce processus n'est rien d'autre qu'une pratique de contemplation régulière, connu sous le nom de Sadhana. Sadhana est le terme hindi pour « pratique » et c'est un mot populaire en Inde dans le domaine de la spiritualité.

4.9 Il nous faudra suivre ce processus pour chacune des qualités humaines afin d'identifier comment elles s'appliquent à nous-mêmes. Le tableau nous permet de nous noter de 0 à 10.

Une fois l'évaluation honnête de nos qualités humaines établies, il nous revient alors de travailler sur nous-mêmes dans le but d'améliorer notre score. Il est nécessaire d'appliquer un état de conscience de soi accru à chacune de nos pensées et actions. Une auto-analyse régulière de nos pensées et actions nous permettra d'observer si l'une de ces caractéristiques négatives a un impact sur nous. C'est par l'introspection que nous serons en mesure de donner cette info au cerveau afin que la prochaine fois, il puisse tirer profit de cette donnée dans le traitement d'événements similaires. Par cette action, le cerveau sera à même de transformer chacune de vos caractéristiques négative sen son pendant positif en changeant vos schémas de pensées par un effort soutenu. Au fur et à mesure de votre évolution, vous sentirez la paix mentale s'installer et vous vous détacherez de toute pensée négative ou inquiétude. C'est l'idée du sadhana qui mène à la libération.

Nous discuterons ici de quelques-unes des qualités humaines qui vous permettront de comprendre chaque qualité, leur signification, ainsi que le processus d'introspection et de méditation. Vous pourrez ainsi observer ces caractéristiques en vous afin de les changer. Une fois le processus intégré, c'est à vous de décider de quelle manière vous souhaitez mener ces changements et à quelle hauteur vous souhaitez fournir un effort conscient. Je vous rappelle que les enjeux ici sont encore et toujours ceux du KARMA et du DHARMA.

4.9.1 LA JALOUSIE : Prenons la jalousie comme premier exemple. Qu'est-ce que la jalousie? C'est le fait d'être malheureux de voir les autres heureux ou réussir. La jalousie peut nous donner un sentiment de tristesse, ou de malchance ou même de haine. En fin de compte, cette jalousie est nocive pour nous-mêmes. C'est comme une blessure auto-infligée. La jalousie arrive de l'égoïsme, quand nous voulons tout pour nous seul afin de prouver que nous sommes meilleur que les autres. Une sorte de comparaison, de concurrence malsaine du fait de l'ego qui nous pousse à nous comparer, nous mettre en compétition aux autres. La jalousie est due à des caractéristiques négatives qui nous viennent de notre éducation. Pendant notre apprentissage de la vie, toutes ces choses que nous voyons ont un impact sur nous et nous les acceptons comme la norme de telle sorte qu'elles prennent place dans nos vies.

Toute pensée arrivant de nos sens qui nous plonge dans le malheur est à bannir. Nous devons la percevoir et changer notre façon de penser, sachant que cela nous dessert. Aussi, en toute logique, pourquoi devrait-on être malheureux de voir les autres prospérer. Tout le monde récolte les bénéfices de son travail (Karmas) passé et présent et c'est ce que fait notre destin au cours de ce cycle karmique. Si nous trouvons du bonheur voir la société prospérer, alors non seulement nous obtiendrons le bonheur, mais aussi l'inspiration. Toutes les bonnes choses sont destinées à nous inspirer, à nous éduquer et nous faire progresser.

Une fois que nous comprenons la bassesse du sentiment de jalousie, nous pouvons bloquer de telles pensées pour qu'à la longue, elles n'arrivent plus. Cette introspection régulière de nos pensées nous permettra d'intérioriser à quel point ces dernières sont un obstacle à notre quête du bonheur. Nous pourrons alors nous en méfier afin de les éviter. L'absence de jalousie enverra une rétroaction au cerveau et chaque fois qu'une pensée de jalousie sera générée, le cerveau donnera l'ordre de s'en défaire. Ainsi, le modèle de traitement changera et il sera possible de passer lentement d'un état de jalousie à un état de bonheur dans de telles situations.

Cette transformation sera peu à peu évidente à mesure que le bonheur reçu amènera une différence perceptible dans vos vies. Ce changement deviendra une motivation et une force motrice, qui, avec la volonté et la maîtrise de soi, augmentera notre vitesse de transformation. La grâce de l'univers arrivera également une fois les progrès atteints.

L'introspection peut se faire lorsque l'on a un peu de temps pour soi au quotidien. Vous devez en faire une routine nécessaire, sans quoi vous perdrez du temps sur des choses inutiles comme passer du temps sur votre téléphone, regarder la télévision, faire des commérages. Tout cela vous ramènera vers le malheur et l'instabilité mentale. C'est encore mieux si vous pouvez profiter de votre temps libre pour vous rendre dans des endroits calmes entourés de nature comme les montagnes, rivières, lacs, forêts ou parcs. La nature permet d' éliminer les distractions et de faire une introspection plus paisible de soi. C'est pourquoi la majorité des personnes en recherche de spiritualité tout comme les yogis décident de vivre dans la nature. Pourquoi la nature apporte-t-elle un tel réconfort ? Tout simplement parce qu'elle est nourricière et qu'en son sein, nous n'avons aucune attente. Nous savons que la nature donne inconditionnellement. Dans le monde matériel, nous sommes toujours dans l'attente de quelque chose et ne sommes pas sûrs de ce que nous aurons.

Nous avons parlé de la jalousie et de la façon dont elle impacte notre cerveau, comment l'introspection nous permet de nous en écarter en prenant conscience des choses et en agissant sur nos pensées en temps réel. Il est en de même des autres caractéristiques.

4.9.2 **L'EGO**: Maintenant, passons au sujet de l'égo. L'ego est quelque chose qui nous empêche de trouver la vérité et nous amène à vivre avec stupidité. Une personne qui a beaucoup d'ego est d'une plus grande stupidité et se ment à elle-même. L'ego plonge et maintient les gens dans les ténèbres de l'ignorance. La personne égoïste se voit au dessus des autres ; elle se pense parfaite, plus talentueuse et plus compétente. D'un point de vue purement psychologique, elle semble avoir un complexe de supériorité quand en réalité elle souffre d'un complexe d'infériorité.

Par conséquent, une telle personne essaie constamment de se donner un air supérieur. On dit d'ailleurs que l'ego est inversement proportionnel à notre savoir. Moins le savoir est grand, plus l'ego est démesuré.

Bien qu'une personne égoïste soit en réalité consciente de ses défauts et manques, elle ne parvient pas à les reconnaître ni à les accepter. Cela provoque un conflit interne constant dans lequel la personne lutte avec elle-même; ce qui la conduit à de la manipulation constante dans l'espoir de paraître supérieure.

C'est ainsi que de nouveaux défauts apparaissent qui, à leur tour, déclenchent des pensées négatives en continu. L'ego peut amener quelqu'un à croire qu'il sait tout, au point de devenir ignorant et inculte, déconnecté de la réalité. En raison de ses limitations, cette personne va alors commettre erreur sur erreur, au point de perdre toute confiance en soi. Ces erreurs induites par son égo entraînent alors des pensées négatives, conséquence de ses échecs et d'un sentiment d'inaccomplissement sur le plan matériel.

Le pire avec l'ego est qu'il nous empêche de regarder nos propres erreurs et défauts en face, rendant ainsi impossible tout développement personnel dans l'espoir de devenir un bon être humain. Il rend impossible notre propre transformation. Nous sommes alors criblés de pensées négatives, en raison de notre complexe de supériorité ou d'infériorité, de comparaison, jalousie, égoïsme, attentes, désirs et bien plus encore.

Il est en effet très difficile d'être conscient de son niveau d'ego. Par conséquent, seule une véritable introspection permet de détecter sa présence dans nos pensées et actions. Ça n'est que par cette prise de conscience accrue que l'on pourra alors prendre toute la mesure de nos pensées négatives et les empêcher d'attaquer notre esprit.

4.9.3 **DÉPOURVU DE DÉSIRS**... Que sont nos désirs et besoins ? Il y a en effet, une différence entre les deux. Nos vies devraient être conduites par nos besoins et non nos désirs futiles. Tout désir au-delà des besoins basés sur nos rôles et responsabilités peut être considéré comme un désir futile. Les désirs basés sur la cupidité, l'égoïsme, la luxure causent une souffrance constante en générant un flot constant de pensées négatives. Nul besoin de rappeler que ces défauts sont des caractéristiques à fuir. Il est donc important de comprendre leur impact sur notre esprit. Les désirs créent des attentes, ensuite les efforts requis pour satisfaire ces derniers pèsent sur nos vies et notre tranquillité, nous poussant à revoir à la baisse nos responsabilités pour assouvir ces désirs futiles bien qu'au détriment de nos besoins réels. Ceci provoque forcément un déséquilibre dans nos vies. Lorsque de tels désirs ne sont pas satisfaits, cela conduit à de la frustration, de la colère et de l'anxiété, voire même un état de dépression du à un sentiment d'échec et de faible estime de soi. Chaque désir futile finit par des pensées négatives.

Nous devons faire un effort conscient pour séparer nos vrais besoins de nos désirs vains, nos intentions de nos attentes. Nos besoins doivent aussi découler de nos rôles et responsabilités, qui mènent à nos tâches ou karmas. Il est essentiel de nous demander si nos besoins sont liés à un état de cupidité ou une soif de plus ?

Chacun de nos désirs futiles nous demande de efforts, temps et énergie, nous poussant même à une certaine forme de manipulation qui finit dans un tourbillon de pensées négatives. Des pensées de peur peuvent également survenir, inquiets à l'idée de ne pas voir nos désirasse réaliser. Un tourbillon malsain dans lequel on se retrouve plongé sans même le réaliser.

La plupart de ces désirs futiles nous mettent sur la voie de l'épuisement et de la tristesse à tel point que nous en oublions nos réussîtes passées. Ceux qui courent après des biens matériels finissent par en oublier les bases même du bonheur véritable. D'abord la perte d'amis puis de nos proches, à mesure que nous prenons nos distances. Le fait est que nous manquons de temps pour nos familles elle-même dans notre poursuite de succès matériel.

C'est un long débarque nous soulevons ici car presque toutes les qualités humaines sont liées à la poursuite de désirs vains. L'égo en fait bien évidemment parti dans cette quête incessante de supériorité, l'envie de prouver que l'on est meilleur que les autres, plus performant et cette fausse identité que nous essayons tous de créer sans relâche pour avoir toujours plus que les autres.

Ainsi, les faux désirs naissent de cet te synergie négative qui initie à son tour de multiples pensées négatives. Une profonde introspection est donc nécessaire pour arriver à un changement de soi.

Dans le processus d'écriture de ce livre et même après mûre réflexion, il n'est pas tout à fait possible de transmettre pleinement le sens de chaque concept. Il est évident que la communication verbale reste la meilleure et il va de même pour l'exploration de soi.

Satsang – s'entourer de sages ou de saints pour arriver au changement requis. Satsang signifie en compagnie de bonnes personnes, de gens sages. Dans la philosophie indienne, un Satsang régulier était d'une grande importance dans la vie des gens.

4.9.4 **ALTRUISME** : Faut-il être égoïste ou désintéressé ? Nos actions et nos pensées devraient-elles être centrées sur nous ou désintéressées ? Je suis sûr que si nous nous posons tous honnêtement la question, nous arriverons tous à la même réponse, celle de la recherche d'actions désintéressées. Nous savons tous au fond de nous comment discerner le bien du mal mais notre ego, tout comme les influences extérieures nous mènent souvent à des réponses différentes ou du moins nuancées.

Une façon de faire une bonne introspection de consiste à nous poser les questions pertinentes. Par exemple, les actions désintéressées / karma nous mènent-elles au bonheur ou à l'exécution d'un karma centré sur notre égo ? Le karma désintéressé visel'action en elle-même, sans aucune attente de l'égo. Les karmas désintéressés vont toujours dans le sens des autres. Si les karmas sont nos devoirs et responsabilités basés sur nos différents rôles, alors toutes nos actions sont principalement en faveur des autres. Chaque individu est alors pris en charge par les actions des autres.

Par conséquent, dans cette bulle communautaire, nos besoins sont satisfaits par les autres. Dans les faits, nous travaillons ainsi pour répondre aux besoins de notre communauté, de notre famille et de nos pairs. De même, lorsque nous travaillons pour une entreprise, celle-ci nous verse un salaire. Si nous démarrons nous-même notre activité, nous fournissons alors des produits ou services à d'autres, et à notre tour, nous sommes payé en contrepartie de ces derniers. Dans chacune de ces actions, si nous nous concentrons sur le bonheur de servir les autres par nos actions, produits ou services, l'autre sera heureux and sa joie nous apportera également du bonheur.

Si nous devenons égoïste et commençons à être cupide et centré sur désirs personnels, alors chacune de nos actions sera portée par nos désirs au lieu de la qualité de notre produit ou service, affectant ainsi la qualité des services rendus avec pour conséquence un client mécontent. Ceci mène alors à une baisse de notre crédibilité et la confiance du client se verra amoindrie, ce qui ne présagera rien de bon. La cupidité porte notre attention sur des besoins matériels non essentiels. Nos bonnes intentions laissent place à des attentes irréalistes, une vision manipulatrice du travail visant à s'assurer des résultats par des moyens contraires à l'éthique. La frustration se produit alors lorsque ces désirs ne sont pas satisfaits, nous devenons amers, en colère. Cette réaction en chaîne négative nous conduit à des pensées négative set un mental troublé. Nous sommes en fait passé du karma à des méthodes indésirables qui nous font oublier l'objectif de départ et nous mènent à un égo en souffrance.

Il est important de réaliser à quel point l'on se fait du mal.

4.9.5 LE DESTIN

Il est très important de comprendre ce qu'est le destin. Sans comprendre le destin, on ne peut comprendre l'interconnexion des qualités humaines. Rien n'est aléatoire dans l'univers, rien n'est du ressort de la chance. La Création toute entière est purement scientifique. Il y a un ordre et des règles au fonctionnement du cosmos. Par exemple, si nous regardons la Terre ou les planètes du système solaire, elles tournent autour de leur axe à une vitesse fixe qui ne change jamais de manière visible. Elles tournent autour du soleil en orbite fixe depuis la nuit des temps. Tant de phénomènes naturels sous nos yeux nous rappelle que tout a été scientifiquement conçu. Rien n'est le fruit du hasard. S'il le monde l'était, alors imaginez ce qui arriverait. Regardez les mode de vie parfait des oiseaux, tous en harmonie avec la nature. Un sommeil à heures fixes, tous suivent les mêmes schémas. Il en est de même pour la flore, tout est clairement conçu en accord avec le temps et le climat.

Si nous regardons autour de nous afin de faire nos propres observations sur la beauté de la Création, nous comprenons alors que tout est parfait et ce en l'absence de toute intervention humaine. Quand l'humain intervient alors la Nature répond selon le loi de la Création pour ramener l'équilibre.

Par conséquent, il est essentiel de comprendre que chaque résultat de chaque action de chaque être humain crée un résultat qui sera le karma de l'individu. Un bon karma conduira à de bons résultats et un mauvais karma à de mauvais. Comme nous l'avons mentionné plus tôt, les humains sont tous uniset créés pour fonctionner comme des êtres humains et non inhumains. Alors, qu'est-ce que l'humanité ? C'est être une bonne personne du point de vue de l'Homme, mais sous angle purement scientifique, c'est l'idée de vivre selon la loi de la nature. C'est l'idée même du dharma. Si nous le suivons, alors toutes nos actions donneront des résultats positifs car c'est le résultat de chaque karma qui crée notre destinée. Le destin est un processus constant dans notre existence, en ce qu'il est basé sur nos actions passées / karma. Notre karma passé, dans notre vie présente et nos vies passées aboutit à notre destin présent et nos actions présentes créent ainsi notre destinée future. Personne d'autre que nous-mêmes n'est responsable de notre destin.

Il y a un moyen d'en finir avec un mauvais karma passé en réalisant que nous avons fait une erreur dans notre manière de penser et d'agir, c'est à dire en nous repentant, en demandant pardon avec sincérité, puis en veillant à ce que de telles erreurs ne se répètent plus.

La vie est un voyage et lorsque nous faisons des erreurs, il est important de nous assurer que les mêmes erreurs ne se répèteront pas. Il est évident que c'est en réalisant l'erreur que nous avons commise que nous pouvons la corriger.

Lorsqu'un navire est en mer, la trajectoire qu'il doit tracer est configurée dans le système de navigation. Chaque fois qu'il y a une déviation dans le parcours, le système de rétroaction lance un signal de correction de trajectoire.

L'être humain n'est rien de plus qu'un appareil ou une machine. La seule différence est que l'homme a ce libre arbitre dans sa prise de décisions, qu'elles soient bonnes ou mauvaises. Nous devons donc être pleinement conscient de nos actions afin de nous assurer d'être sur la bonne voie.

Par conséquent, il est très important de faire notre introspection régulièrement quand il s'agit de notre destin, afin de bien le comprendre.

En fin de compte, tout se passe à un moment et dans un espace donné selon le destin que nous créons par nos actions. Ce n'est que par cette compréhension que nous pourrons en tirer une introspection avisée.

Toutes les qualités humaines que nous appelons collectivement dharma ou que l'on peut appeler conception humaine ou encore caractéristiques humaines doivent être parfaitement comprises. En comprenant chacune des qualités, nous devons en comprendre son interconnexion aux autres.

Je pourrai continuer à vous inonder d'exemples mais c'est à vous qu'il revient de faire ce travail.

Aucun d'entre nous ne sait le temps qui lui est donné. Nous ne pouvons pas plus plus prédire ce qui arrivera demain. Bien que nous nous efforcions tous d'être dans le contrôle, nous n'avons pour la plupart aucune idée de ce que demain sera. Par conséquent, il est préférable de nous en remettre à nos karmas, en somme notre destinée, en nous concentrant sur nos karmas en les exécutant conformément au dharma.

4.9.6 **LA TOLERANCEET LA PATIENCE**. Les deux sont presque similaires à une différence près. Qu'est-ce que la tolérance exactement ? Reconnaissons-nous que tout arrive au moment venu et si cela est destiné? Selon ces constats, il faudrait rester concentré sur l'action plutôt que son résultat, la simple intention d'atteindre un objectif. En effet, les attentes suscitent des inquiétudes avant même que le résultat ne soit atteint ou lorsque le résultat est défavorable.

Les notions de destin et de temps sont donc à garder à l'esprit pour arriver à la patience que tout objectif requiert. En leur absence, l'intolérance et l'impatience donneront lieu à des inquiétudes qui déclencheront à nouveau de nombreuses caractéristiques négatives et des pensées négatives associées. La tolérance diffère légèrement de la patience dans certains cas. Par exemple, si nous n'aimons pas quelque chose ou quelqu'un, cela peut être juste la présence cette personne à nos côtés ou être dans cet endroit. Nous devons donc accepter cette situation : c'est l'idée même de tolérance.

Rien n'est dans notre contrôle, tout arrive selon la loi du karma et comme l'Univers ou Dieu l'a décidé. Nous devons donc laisser les choses se faire même si les circonstances nous sont défavorables car nous n'avons littéralement aucun pouvoir sur ces dernières.

Si nous arrivons à accepter nos circonstances extérieures dans ce monde illusoire, alors notre esprit restera imperturbable. Nous deviendrons alors imperturbable à ce qui peut nous arriver de bon comme de mal, tout particulièrement à ce qui nous fait du tort. Les notions de neutralité, de destin, de temps et de karma sont toutes liées quand il s'agit de tolérance. En d'autres termes, la tolérance est notre capacité à rester neutre à ce qui nous arrive, en gardant à l'esprit l'idée de destin et en acceptant nos circonstances présentes. C'est le seul moyen d'être en paix.

Il nous aura fallu tout un paragraphe pour couvrir les concepts de tolérance et de patience. L'idée sous-jacente est de nourrir notre patience pour laisser les choses se faire comme elles se doivent. C'est en comprenant l'impact négatif de l'intolérance et de l'impatience que nous saurons à même de modifier notre façon de penser, nos perceptions et nos réactions aux évènements de la vie. Nous pourrons ainsi modifier nos caractéristiques et supprimer ces sources de pensées négatives.

Si nous ne sommes pas tolérant, nous pouvons aussi devenir impulsif. Nous perdons alors notre sang froid, pire encore : nous nous mettons en colère et nous nous comportons mal au moindre désaccord ce qui nuit à nos relations. C'est souvent un ego démesuré qui mène à un tel manque de tolérance et à une telle impulsivité.

Nous ne voulons pas changer et notre ego nous conforte dans notre égocentrisme. Notre esprit peut aussi se montrer perturbé quand nos échecs se multiplient, au point de nous rendre impulsif. La génération actuelle est très impulsive, ses attentes sont plus élevées mais c'est aussi une génération plus matérialisteen recherche de réussite rapide.

4.9.7 **LE DÉTACHEMENT** : C'est une autre qualité très importante ou plutôt l'avant-dernière étape vers le progrès spirituel. En langue hindi, on parle aussi du « vairagya ». Vairagya signifie renoncer mentalement à ce monde illusoire. C'est le seul moyen de trouver la paix ici-bas, en se détachant du monde physique qui nous entoure. L'attachement est cause de souffrance, car nous assumons la propriété de biens matériels et physiques, y compris d'êtres humains (amis, parents, collègues...). Cet attachement crée des attentes et une volonté de contrôle conduisant à la frustration et à la colère lorsque nos attentes ne sont pas assouvies. D'une certaine manière, l''attachement crée aussi un fardeau mental que nous portons constamment.

Il est important de comprendre que nous ne possédons rien dans ce monde. Tout ce dont nous avons besoin est là pour répondre à nos besoins essentiels sur Terre. Les besoins changent avec le temps, mais les gens ne lâchent pas prise et refusent de se détacher de ce qui ne leur est plus nécessaire. L'accumulation est le résultat de l'attachement, de la cupidité et de la possessivité, voire d'un besoin de posséder et de se sentir supérieur aux autres.

Tout dans ce monde est transitoire et en constante évolution, rien n'est permanent. Par conséquent, tout attachement conduit inévitablement à de la douleur et de la souffrance, en particulier lorsque vient le temps de se séparer du bien ou des êtres auxquels nous sommes attachés.

Comme lorsque la mort, malheureusement inévitable, nous mène aux larmes et au chagrin au moment de nous séparer de l'être cher, comme s'il était supposé être parmi nous pour toujours...

L'attachement ne doit pas être confondu avec l'amour et l'attention portés à quelqu'un. Aimer devrait être un acte naturel et l'attention un élément essentiel à chacune de nos actions et pensées. Ainsi, l'attachement et le détachement n'ont aucun rapport avec le fait d'être aimant ou attentionné. L'accent doit porter sur l'accomplissement de nos karmas et responsabilités.

Toute pensée qui nous rend malheureux doit être vue comme indésirable. C'est en restant détaché et en remplissant vos devoirs et responsabilités parfaitement, sincèrement et avec amour que vous verrez la beauté dans cette absence de pensées négatives.

L'attachement aux personnes, aux biens matériels conduisent inerexablement à la souffrance lorsqu'un changement survient. Par exemple, si l'on est attaché à ses parents et que notre relation avec eux se dégrade avec le temps, alors cela nous fera souffrir émotionnellement et mentalement. Nous sommes tellement habitués à ces formes d'attachement qu'il est très difficile de comprendre, vivre et pratiquer l'art du détachement. Nous devons constamment nous rappeler que nous sommes venus au monde seul et que nous en partirons seul. Par conséquent, nous devons accepter notre solitude mentale sans jamais nous attacher à quoi que ce soit. La vie consiste à remplir nos devoirs et responsabilités. Nous sommes seuls, bien que physiquement nous le sommes de façon très transitoire. Tout ce qui est transitoire ne peut par définition être une source constante de bonheur, du fait même de sa nature.

Si nous ne pouvons faire preuve de détachement, alors l'esprit ne sera pas en mesure de se débarrasser des pensées négatives liées aux événements défavorables qui peuvent survenir.

Il est donc primordial de comprendre le détachement et son impact sur notre esprit.

Nous nous attachons à notre statut autant social, professionnel que familial et au faux sentiment de respect qui en découle de manière artificielle et temporaire. Lorsque ces phases transitoires sont amenées à changer, en particulier lorsqu'on perd son statut ou ses biens pour une raison quelconque, nous nous retrouvons en souffrance.

Or, toutes ces identités basées sur nos finances et notre statut sont artificielles et temporaires et requiert des efforts constants pour les conserver. Cela crée des pensées de détresse qui réduisent notre énergie. Le soi-disant respect que nous y rattachons de façon tout aussi artificielle est là tant que nous possédons ce statut matériel. L'attitude des gens envers nous change dès lors que notre statut change, dévoilant ainsi le caractère artificiel de nos relations. Notre société est construite sur de faux semblants matériels. Le vrai bonheur nous demande d'embrasser notre vérité en nous détachant de cette illusion consumériste et transitoire. Concentrez-vous simplement sur vos devoirs et responsabilités ou Karmas et suivez-le avec diligence, intelligence, sincérité et amour. Montrez-vous désintéressé, ainsi vous resterez éternellement heureux, comme dans un état de méditation permanent.

4.9.8 **LA BIENVEILLANCE** : Il n'est pas difficile de comprendre qu'être attentionné est une qualité positive qui procure du bonheur. Demandez-vous simplement comment l'absence de bienveillance peut vous nuire dans l'accomplissement de vos rôles et responsabilités, vous empêchant de répondre efficacement vos responsabilités et devoirs. Par cela même, vous privez les autres de ce que vous étiez censés leur fournir, les rendant tout aussi malheureux que vous. L'attention est un attribut essentiel de vos pensées et actions, qui rend autrui heureux par l'attention et le bienveillance que vous lui portez. Il est également de votre responsabilité en tant que qu'être humain d'être toujours bienveillant, que l'autre en fasse de même ou non. Chacun est responsable de ses actions et nous devons rester détachés et neutres envers les actions des autres. Nous pouvons seulement nous assurer que nos propres actions sont conformes au Dharma. Les problèmes surviennent quand nous cherchons de la réciprocité mais que l'autre ne répond pas à ses devoirs à notre égard. Ce déséquilibre nous pousse vers du donnant donnant qui nuit à nos relations.

Si chacun suivait le Dharma, alors seul l'amour et l'harmonie règneraient dans ce monde en changement constant, où le parfait devient imparfait, et inversement . Par conséquent, nous devons rester détachés de ces paramètres extérieurs et rester concentrés sur nos tâches pour enfin trouver le bonheur et ne plus générer de pensées négatives, de tristesse ou toute autre souffrance. Une source de bonheur toujours changeante ne peut être la base d'un bonheur constant en ce qu'elle-même est temporaire.

4.9.9 **LA VÉRITE:** Il est bon de toujours dire la vérité, sauf dans certains cas exceptionnels afin de s'assurer que la situation ne cause aucun préjudice. Bien sûr, de telles situations restent à éviter autant que possible car sauf exception, la vérité reste de mise. Vous verrez qu'en vous rapprochant de cette transformation, vous reconnaîtrez qu'il n'est pas nécessaire de mentir quelque soit la situation. Que se passe-t-il quand on dit un mensonge? Comment un mensonge déclenche-t-il des pensées négatives? La vérité consolide la confiance entre deux êtres, elle est nécessaire à l'harmonie, l'amour et la cohésion entre les humains. Une fois qu'un mensonge est dit, il y a toujours cette crainte que la vérité soit révélée. Cette peur constante d'être exposée va générer des pensées négatives constantes . La nature a créé les humains de telle sorte qu'aucun individu ne puisse aller à l'encontre des lois de la nature. Les humains ne peuvent devenir plus grands que le Créateur. Parfois pour couvrir un mensonge, le menteur se retrouve à raconter toujours plus de mensonges, aggravant ainsi sa situation.

Celui qui dit la vérité dormira toujours sur ses deux oreilles car il n'aura rien à cacher. La personne qui dit toujours la vérité n'aura donc pas de pensées négatives en raison de sa transparence. Une personne honnête est naturellement plus digne de confiance car sans confiance, il est difficile de coexister.

Ainsi, nous pouvons facilement voir comment l'honnêteté évite les pensées négatives et garde l'esprit libre. Nous pourrions discuter de ces choses sans fin et les penser de 1000 façons différentes pour arriver à la même conclusion : la recherche de la vérité absolue.

4.9.10 **FUIR LA HAINE:** Que se passe t'il quand nous développons un sentiment de haine ? Une aversion conduit parfois à la haine. La haine est une qualité négative plus forte que l'aversion. Si nous développons de la haine envers une personne, alors ce trait négatif générera sans cesseen nous des pensées négatives. L'amour au contraire génère un bonheur exempt de pensées négatives. La haine survient quand on se compare aux autres, que l'on n'est pas heureux de voir les autres réussir, quand nous sentons supérieurs aux autres et que nous nions le lien entre tous les êtres humains. Elle est aussi liée à un sentiment d'égoïsme.

La haine est ainsi déclenchée par les notions de comparaison, d'ego ou encore d'égoïsme à quoi vient s'opposer l'amour qui met tout les Hommes sur un pied d'égalité. Comprenez que ce monde est comme une grande famille : aimez sans jugement, d'un amour inconditionnel. Chaque pensée et acte d'amour a la capacité d'apporter la joie aux autres comme à vous-même. Il n'y a pas de meilleur bonheur que de voir les autres heureux, et pourtant, la plupart des gens se comportent à l'inverse de ce principe de bon sens.

4.9.11 **LA GÉNÉROSITÉ**: la générosité est-elle une qualité ? Posez-vous la question à votre cœur et vous saurez. Si vous partez de votre ego, votre esprit sera pollué et vous pourriez donner une réponse totalement différente.

Il s'agit ici d'avoir l'esprit clair, libre de toute pensée négative, dans un état de complète béatitude. Un sujet sans équivoque.

Pourquoi les gens manquent-ils autant de générosité ? Nous devons le comprendre afin de vraiment développer une générosité de pensée set d'actions. La générosité nous ramène aussi à cette notion de sacrifice ou encore cette idée d'être au service des autres. Cela m'a été enseigné quand j'étais dans l'armée, plus précisément dans la marine indienne et je m'en souviens encore aujourd'hui. Cela s'applique bien sûr à tous. La générosité se manifeste de plusieurs façons. On peut donner de son temps, de son argent ou tout autre ressource qui est en notre capacité. La simple fait de vouloir aider quelqu'un est en soi, suffisant car il ne nous est pas toujours possible de faire acte de générosité. La générosité c'est la joie ultime de donner et ce sont toujours nos intentions qui priment. Chacune de nos actions devrait respirer la générosité, la bienveillance, la compassion et l'empathie. Chaque action (karma) fait partie de nos rôles et responsabilités envers les autres. Ainsi, la générosité est une qualité essentielle.

LA SOMME DES 40 QUALITÉS MENTIONNÉES PRÉCÉDEMMENT SONT ABSOLUMENT NÉCESSAIRESAU BIEN DE L'HUMANITÉ DANS CHACUNE DE NOS PENSÉES, CHACUN DE NOS ACTES. IL EST DONC IMPORTANT DE GARDER LEUR IMPORTANCE À L'ESPRIT. L'AMOUR EST À LA BASE DE NOTRE EXISTENCE ET C'EST DANS L'INTERACTION DE TOUTES CES QUALITÉS QUE SE TROUVE LE VÉRITABLE AMOUR INCONDITIONNEL.

4.9.12 **L'INNOCENCE** : Il est important d'être prêt à aider à tout moment et de s'assurer que nos actions ne causent aucun mal à qui que ce soit, peu importe la situation. Si l'une de nos actions porte préjudice à quelqu'un, le responsable se trouvera malheureux et en souffrira tout autant. En nous attardant sur nos caractéristiques, nous réalisons que l'impact de chacune doit être profondément analysé dans le but de comprendre ce qui bloquent initialement nos pensées et actions. Si nos qualités sont foncièrement tournées vers le négatif, alors nous aurons un flot constant de pensées négatives. Aucune technique en ce bas monde ne peut changer notre état d'esprit. Aucun guru ne peut réaliser de tour de magie, sa grâce n'est à notre portée que si nous faisons des efforts sincères pour changer de l'intérieur.

4.9.13 **LACOMPASSION** : Et si nous manquions de compassion envers les autres. Cela pourrait nous rendre indifférent au monde qui nous entoure. Le bonheur ne peut pas arriver dans une société en déséquilibre. Une cohésion harmonieuse et juste, équitable est nécessaire au niveau du collectif. Une communauté ou un pays ne peut grandir et ses citoyens trouver le bonheur s'il y a un déséquilibre au sein de cette société, tant socialement qu'économiquement. Sans compassion, nous finissons isolé et malheureux. L'ego dans sa quête de supériorité et son égoïsme sont à l'origine de ce manque de compassion.

Vous savez désormais comment analyser puis comprendre chacune de vos caractéristiques qualités afin d'en connaître leur impact sur votre esprit.

4.9.14 **VIVRE SANS ATTENTES**: Que sont les attentes? Pourquoi en avons-nous? Que se passe-t-il et comment réagissons-nous lorsque celles-ci ne sont pas satisfaites? Pourquoi serait-il préférable dene ne pas en avoir? Voici quelques-unes des questions à nous poser.

Gardons à l'esprit que peu importe nos actions et celles des autres, le destin a toujours son rôle à jouer. Tout arrive en fonction de nos karmas passés. Par conséquent, nous devons nous concentrer sur notre karma et garder des intentions pures afin d'accomplir nos tâches avec sincérité, amour, attention et détermination, afin que le résultat soit satisfaisant. Si un résultat favorable doit se produire, alors il en sera ainsi. Si, au contraire, le destin en a décidé autrement, alors peu importe nos efforts, le résultat sera en notre défaveur, d'où la nécessité de lâcher prise quant aux efforts et karmas, qu'il s'agisse des nôtres ou de ceux d'autrui. Si nous nous concentrons sur nos attentes, il y aura toujours un élément de peur et d'incertitude, d'anxiété (ou encore un sentiment de nervosité, panique, frustration, colère, manque de confiance ou même de dépression). Si au lieu de cela, nous mettons l'accent sur la bonne exécution de nos karmas, alors nous serons serein. Se concentrer sur son karma consiste à agir avec sincérité, amour, diligence, altruisme en donnant le meilleur de nous-mêmes. C'est en restant concentré et dénué d'attentes que nous trouverons le bonheur. Cela nous met aussi à l'abri de défauts qui pourraient induire des pensées négatives. Ainsi, même si le résultat n'est pas des plus positifs, l'autre saura que vous avez fait de votre mieux et c'est en cela que l'on trouvera le bonheur.

Rappelons-nous aussi que nous apprenons de nos erreurs. En prenant conscience de nos erreurs, nous pouvons essayer quelques chose de différent et ainsi chercher une autre solution. Parfois, les circonstances externes sont bloquantes et il nous faut lâcher prise. L'acceptation est la clé.

Prenons l'exemple d'une famille de deux ou trois enfants. Les parents feront les mêmes efforts afin d'assurer un bel avenir à leurs enfants et pourtant, les trois enfants ne réussiront pas tous aussi bien dans la vie. Parfois, certains s'en sortent très mal tandis que d'autres réussissent exceptionnellement bien. C'est leur destin individuel qui les mène sur ce chemin de vie. Les parents n'ont d'autre rôle que de donner vie à un être humain qui aura sa propre route à suivre. Les parents qui ne comprennent pas cela souffrent toute leur vie, voyant que leurs enfants n'agissent pas conformément à leurs attentes. S'ils se concentraient sur leur karma de parents plutôt que sur leurs attentes, ils ne seraient plus en souffrance car chaque individu a son propre destin.

J'espère que vous comprenez comment le fait d'avoir des attentes déclenche des pensées négatives et cela conduit également à d'autres faits toujours plus négatifs.

4.9.15 **FUIR LA LUXURE**: La luxure est une forme de cupidité. La luxure peut être matérielle aussi bien que physique et sexuelle. On parle généralement de luxure chez les personnes qui ont soif de sexe ou pour parler de désirs inappropriés. Nous avons déjà discuté des désirs et besoins fondamentaux. Pourquoi donc ne faut-il pas être dans la luxure? Nous sommes en présence d'un vaste sujet. Que cause la luxure à notre esprit? Comment et en quoi l'amour pur est-il différent de la luxure ? Le problème est que nous nous identifions à notre corps physique et la luxure est la plus grande distraction qui nous soit donnée. Le sexe est la plus grande source de distraction illusoire. Chaque personne y est confrontée à un niveau différent selon son éducation et son exposition. C'est en nous identifiant au corps physique que nous devons faire face à cette illusion. Il est essentiel d'identifier chaque être vivant à son âme, ce que nous appelons beauté intérieure, plutôt que de s'attacher à l'apparence extérieure qui n'est autre que la pure création de ce monde matériel et illusoire. Le plaisir qui s'y rattache est momentané alors que ce qui nous intéresse est l'atteinte d'un état de paix intérieur, dépourvu de plaisirs furtifs.

En comprenant cela, nous pourrons prendre conscience des pensées de luxure ainsi que des actions immorales qui en résultent. Le sexe ou les pensées lubriques peuvent-ils nous apporter un bonheur permanent ? Si tel était le cas, les gens ne jureraient que par cela et auraient atteint un état de béatitude permanente. Or, la luxure amène à toujours plus d'instabilité mentale en cherchant un bonheur permanent. On finit par se perdre et l'on devient un prédateur, constamment anxieux et malheureux. Il s'agit en fait d'une déviation de l'esprit vers une cible à la fois traître et illusoire. La personne sort du droit chemin, oubliant la source véritable de tout bonheur durable. La luxure est une forme extrême de désir illusoire qui, quand il n'est pas satisfait, génère des pensées négatives et, s'il l'est, procure un plaisir passager. L'effort constant, la manipulation pour satisfaire son désir de luxure crée également des ravages dans l'esprit. Nous devons donc comprendre que cette « Bête » appelée luxure peut saboter une vie entière en jouant avec notre esprit. A nous de choisir : la luxure ou le bonheur intérieur, la Belle ou la Bête.

4.9.16 **LA CUPIDITÉ** Essayons désormais de comprendre ce qu'est la cupidité et son impact sur l'esprit. Nous entendons cupidité au sens de désir matériel, d'envie d'acquérir plus que nécessaire. Par conséquent, il s'agit à nouveau de faire la différence entre les besoins et les désirs. Si l'on aspire à acquérir quelque chose au delà de nos besoins fondamentaux, alors il faut accepter que cela demandera plus de temps et d'efforts pour y parvenir, sans toutefois mettre de côté nos besoins fondamentaux comme celui d'accorder du temps à notre famille ou encore de trouver un équilibre entre notre vie professionnelle et notre vie de famille. Par conséquent, nous en revenons aux rôles et responsabilités et aux besoins qui y sont rattachés. Acquérir plus que nécessaire peut également avoir un impact pervers sur l'éducation de nos enfants. Cela est-il vraiment souhaitable? Cela ajoute t'il à notre bonheur? Ces désirs matériels ne sont-ils pas momentanés, éphémères? Ne mettons-nous pas en jeu des choses plus importantes quand nous y cédons? Il est très certainement possible de trouver des raisons de les justifier en revenant à notre égo et notre mental mais la taille de notre maison ajoute t'elle à notre bonheur ? Les gens vivant dans de grandes demeures sont-ils plus heureux ou bien est-ce la de notre famille qui doit être notre repère en la matière ? Ce n'est qu'une fois ce critère pris en compte que nous pouvons avancer vers notre but. Il est ainsi très important de définir nos besoins avec sincérité et de les différencier de nos désirs. C'est dans cette brèche que naît la cupidité et sa quête futile qui mène à la tristesse, dans cette énergie mise à atteindre ce désir cupide. C'est un vaste sujet pour lequel il est difficile d'écrire d'une traite. La cupidité n'est autre qu'un raccourci vers la tristesse et le burn-out. Il faut prendre conscience de son existence et de son caractère anxiogène car la vie doit être synonyme de paix, ni plus, ni moins.

4.9.17 **LA CONFIANCE**: Que se passe-t-il sans confiance entre deux personnes, la foi accordée au destin, à Dieu. Tout a une logique. Je ne vous demande pas de me croire sur parole mais de faire appel à vos capacités de logique et d'analyse. Si tout le monde se comporte comme il se doit et que l'humanité est à son plus haut, il devient plus facile d'accorder sa confiance. Malheureusement, dans notre monde, la plupart des gens se comportent autrement et partant avec une attitude méfiante, notre chemin se complique. Nous devons agir avec confiance, indépendamment des pensées, des actions ni même des intentions des autres, parce que chacun est responsable de son karma, qui n'est nullement issue du karma d'autrui. Bien sûr, cela est à nuancer dans le cas où nous sommes trahi à répétition. Que faire dans ce cas ?Nous pouvons agir au cas par cas mais il n'en reste pas moins que, de manière générale, il est préférable d'accorder sa confiance. En l'absence de confiance, nos pensées sont pleines d'incertitudes et d'inquiétude. Aucune relation amoureuse n'est alors possible, au delà d'un schéma délétère de transaction et de manipulation vicieux qui n'a rien de bon.

Il est donc préférable de faire preuve de confiance, quitte à devoir la retirer, si les choses ne se passaient pas comme nous les attendions. La méfiance est devenue le fléau de ce monde matérialiste et égoïste.

FAIRE DES SUPPOSITIONS : Le mal du siècle. Nous adorons tirer des conclusions sans rien connaître des faits et la plupart du temps nos hypothèses s'avèrent fausses. Cela prouve à quel point notre esprit a un penchant négatif. C'est notre absence de confiance qui en est la cause. Supposer, c'est un peu comme rêver, ça n'est pas la réalité et cela crée un flot continu de pensées négatives. L'idée est donc de se concentrer sur nos karmas et de ne pas se laisser distraire par de fausses suppositions.

Nous manquons de confiance envers l'univers ou Dieu qui a créé les lois de cet univers. Tant que celles-ci ne seront pas parfaitement suivies, nous continuerons de vivre dans la négativité et le déséquilibre.

4.9.18 **LA CONFIANCE EN SOI**: Si nous avons confiance en nous alors il nous est facile de déborder d'énergie positive. Le manque de confiance en soi résulte de nos pensées négatives qui elles-mêmes naissent de nos défauts.

Quels sont ces défauts qui déclenchent ce manque de confiance et cette tristesse en nous ? Lorsque nous ne comprenons pas le destin, nous ne sommes pas disposé à accepter des résultats contraires aux attentes qui naissent de nos désirs, ceux-là mêmes qui prennent source dans notre cupidité, notre égoïsme, égo ou jalousie. Par conséquent, ces défauts déclenchent des pensées négatives et des réactions en chaîne qui ne cessent d'impacter notre esprit. D'où la nécessité de comprendre que le manque de confiance découlant du manque de compréhension du dharma peut nous cribler de pensées négatives et nous mener à notre perte. La confiance en soi, au contraire naîtd'une connaissance réelle. Il faut être compétent, bienveillant, travailleur, loyal, sincère envers les autres, compatissant, simple...en somme déborder de qualités pour suivre le dharma au plus proche de la perfection. Sans cela, nous sommes condamnés au tourment des pensées négatives. La connaissance sous sa forme pure et la sagesse sont nos biens les plus précieux.

C'est notre paix intérieure et notre confiance sincère qui se reflètent sur notre visage et dans notre langage corporel; nous n'avons pas besoin de faux-semblants pour prouver qui nous sommes. Les personnes matérialistes laissent voir leur égo et non leur confiance. Elles sont remplies de négativité, elles sont à la tête d'un système tout aussi corrompu et toxique qui a été créé par leur convoitise et leur cupidité. Un monde artificiel dans lequel la plupart d'entre nous sommes rapidement tombés. C'est ce qui rend très difficile notre capacité à en sortir pour voir enfin la réalité et vivre selon le dharma. Vivre dans ce système est une sorte de dépendance et s'en sortir en est très difficile. C'est le but ultime de ce livre qui vise à vous faire comprendre que vous devez en finir avec ce système corrompu pour enfin trouver votre tranquillité d'esprit. Les nations dites « matériellement avancées » sont celles qui détiennent des records de maladies mentales : taux de suicide élevé, dépression, dépendance aux médicaments, visites chez le psychologue...

Les Hommes d'aujourd'hui ne sont pas le reflet de leur intérieur et leur extérieur n'est qu'un jeu de faux-semblants.

4.9.19 **L'AUDACE:** les effets de la peur nous sont bien connu. La peur crée nos pensées négatives mais quel genre de peurs portons-nous ? La peur de perdre ce que nous avons et de ne pas obtenir ce que nous voulons. La peur de la mort aussi. La peur de survie ou encore celle d'un avenir incertain. Notre attachement à ce monde illusoire est la véritable cause de cette peur. La peur de la mort est due à notre attachement à notre corps physique mortel auquel nous nous identifions. Nos désirs, notre cupidité, nos attentes, tout cela est à la source de nos peurs. Chaque attente que nous avons nous fait craindre qu'elle reste inassouvie.

Pourquoi de telles peurs nous viennent-elles à l'esprit? Parce que nous oublions le destin, l'acceptation et le lâcher prise. Voici les causes, la vie n'est pas linéaire, elle est faite de hauts et de bas. Elle évolue selon nos précédents karmas. Chaque karma peut être purifié quand le temps est venu. Ainsi va la science des Textes saints. Nous obtenons ce que nous méritons; nous perdons ce qui ne nous est pas utile. Il y a plusieurs façons de voir les choses. Chacune d'entre elles présente des différences subtiles mais une signification profonde.

La peur vient de désirs et d'attentes irréalistes, que nous avons sans même savoir si nous pourrons les réaliser, si nous sommes en mesure d'y parvenir, si nous avons le potentiel nécessaire, le courage et la conviction de faire les efforts nécessaires pour les atteindre. Et ainsi nous montons des châteaux en Espagne, en nous comparant à notre entourage, en nous fixant des objectifs irréalistes et en réveillant finalement en nous une peur de de ne pas y parvenir. La peur ne déclenche pas seulement des pensées négatives mais aussi des pensées de frustration, d'anxiété, de dépression,,de panique au fil du temps. La peur de l'échec conduit à un manque de confiance en soi et à une mauvaise prise de décision.

Il est donc important de passer en revue toutes les qualités humaines d'altruisme, de désintéressement, d'attentes pour savoir comment éviter ces pensées de crainte.

4.9.20 **LA GRATITUDE** : Être reconnaissant pour l'aide de quelqu'un ou sa bonne action. La gratitude c'est valider l'autre et lui envoyer de bonnes vibrations ce qui crée à son tour de vrais liens de confiance. La gratitude peut être considérée comme une forme de politesse et de reconnaissance envers quelqu'un qui a fait quelque chose de bien pour vous. C'est aussi rendre la pareille lorsque votre tour vient d'être bon envers cette personne au lieu de vous montrer ingrat.

En l'absence de gratitude et de réciprocité d'actions, vous risquez de dégrader votre relation qui aura un goût amer. Vous aurez des pensées négatives, en vous attendant à ce que l'autre personne soit à nouveau bonne envers vous quand celle-ci pourrait bien ne jamaisl'être. Ainsi votre opportunisme sera vain et finira par vous rattraper en créant des pensées négatives et autres problèmes. La gratitude crée le bonheur chez les autres et en retour, vous le récupérez.

4.9.21 **TRAVAILLER DUR ET SE RESPONSABILISER** : Dans la vie, l'accent doit être mis sur le karma, tout le reste n'est que distraction. C'est la seule manière d'être en paix. Les responsabilités sont les karmas que nous devons accomplir comme membre dela société afin d' assumer nos rôles aux différentes étapes de notre vie. Si nous ne remplissons pas nos devoirs sincèrement et parfaitement, alors nos résultats ne seront pas conformes à nos besoins et cela aura un impact négatif sur les personnes qui en seront impactées, vous rendant à votre tour mécontent des mauvais retours. Il n'existe aucun raccourci dans la vie. Il faut faire de son mieux pour atteindre ses objectifs en exécutant ses tâches. Cela peut nuire à vos relations si l'ego vient s'en mêler et que vous ne supportez pas les reproches des autres quant à la manière dont vous remplissez vos devoirs. Ceci vous mènera indéniablement à des conflits dans votre refus d'accepter les critiques, amenant ainsi plus denégativité dans votre esprit et rendant l'environnement toxique par vos pensées, vos actions et vos réactions.

La paresse est un vrai fléau de nos jours car les jeunes cherchent des raccourcis. Ils sont accros aux médias sociaux et perdent leur temps à des choses dénués de sens. Leur raisonnement manque d'éthique, de discipline et d'intégrité, leur esprit est corrompu. Un vrai problème de société. Ils sont surexposés à des choses indésirables dès leur plus jeune âge et cela se poursuit à l'âge adulte quand ils ont plus de responsabilités. La paresse les conduit à l'incompétence et s'ensuivent des problèmes de survie et de subsistance. Les êtres humains sont les piliers d'une nation et s'ils deviennent fainéants et irresponsables, c'est la nation toute entière qui se verra finalement condamnée, indépendamment de son histoire. Dans certains pays, les gens sont occupés à chanter leurs gloires passées et à blâmer les autres pour leur chute actuelle, tout en demeurant paresseux et irresponsables. La paresse ne peut aboutir qu'à des échecs successifs, déclencheurs de pensées négatives.

Le terme « moderne » est synonyme de progrès et ancien de dépassé. En réalité, cette vision est erronée : le monde actuel se dégrade etl'ancien monde, l'ancien système védique basé sur le dharma Sanatan, lui, était idéal. « Sanatan » signifie immortel et « dharma » a le sens de règle. C'était donc une règle immortelle utilisée pour l'existence et la performance des humains et non une religion. Un fonctionnement de l'humanité pour l'humanité, sans frontières et dépourvu de religion.

4.9.22 **L'ABSENCE DE CONTRÔLE** :

Pourquoi essayons-nous de contrôler tout et tout le monde autour de nous ? Que se passe-t-il lorsque nous sommes dans cet état ? À quelles pensées notre soif de contrôle nous conduit-elle ? C'est le moment de savoir si vous êtes un acharné du contrôle. Le désir de contrôler vient principalement de nos attentes, de notre possessivité et de notre ego. Lorsque nous perdons ce contrôle, nous nous sentons alors en colère, frustré, haineux. Il est donc souhaitable d'être à la fois bienveillant et dans l'acceptation en nous concentrant sur notre karma et non sur les karmas des autres. Notre ego est l'un des facteurs majeurs du contrôle. Chacun d'entre nous doit gérer sa part de responsabilités et son karma. Ce sont notre attachement, notre ego et nos attentes qui nous mènent au contrôle et nous conduisent à la frustration et à la colère. Cela n'est d'aucune aide à qui que ce soit.

La gestion et le contrôle sont deux notions différentes qui ne doivent pas être confondues. La gestion est nécessaire dans toute société organisée, qu'il s'agisse d'une famille ou de toute autre organisation où il y a un ensemble de règles à suivre ainsi que des procédures qui assurent que chacun assume ces tâches comme il se doit. La gestion fait partie des responsabilités. Ce qui est problématique c'est cette idée de contrôler les personnes au-delà du nécessaire, ce qui finit par être contre-productif et mener à une attitude de rejet chez l'autre. Chaque individu a des habitudes fortes qu'il développe et qui deviennent sa marque de fabrique. Tout le monde a besoin d'évoluer pour devenir un meilleur être humain. C'est le but de ce livre.

Il faut accepter qu'à un certain point, notre devoir est de nous concentrer sur nos propres tâches, car c'est finalement notre destin et nous ne pouvons changer ou transformer les autres.. Ces tentatives de contrôle ne feront que nous faire perdre notre paixd'esprit.

4.9.23 **LA SIMPLICITÉ** :La simplicité nous procure la tranquillitéd'esprit car on se concentre alors sur nos besoins fondamentaux au lieu de courir après le glamour et le show-biz. Lorsque nous nous laissons happer par le consumérisme et le succès matériel et que nous nous cachons sous un masque, en quête d'acceptation et de reconnaissance dans une société artificielle, alors nous nous éloignons de la simplicité. C'est à ce moment-là que nous perdons notre tranquillité d'esprit, dans une quête illusoire et sans fin, menant une vie infernale. Le bonheur et le succès liés au strass et paillettes sont eux-mêmes une illusion et un bonheur inaccessible qui gonflent notre ego. Nous devenons snob et nous nous éloignons ainsi de notre proche. Nous nous retrouvons dans ces personnes superficielles qui sont à nos côtés tant que notre identité ne vole pas en éclats. C'est un long débat mais l'idée derrière tout cela est de penser à ce qu'est la vraie simplicité et à la façon dont elle nous procure du bonheur. Il fait sens qu'en nous compliquant la vie, celle-ci perd de son équilibre : la simplicité et la complexité ne peuvent en effet cohabiter.

4.9.24 **LA SOBRIÉTÉ**: qui est le plus heureux entre l'homme riche ou le yogi dans

l' Himalaya ? Le bonheur est-il défini par l'argent et les fausses identités ? Les gens simples

sont-ils mieux entourés que les riches ?Êtes-vous entouré en raison de vos qualités humaines intrinsèques ou en raison de votre statut? La sobriété, c'est abandonner le confort matériel pour être au plus proche de la nature. Nous devons faire la différence entre nos besoins fondamentaux ou superflus. Cela peut sembler très radical pour la plupart d'entre nous car ce mode de vie matériel est ancré en nous. Il est vrai, toutefois que beaucoup réalisent déjà les bénéfices d'un mode de vie empreint de sobriété, ce qui les poussent à passer au mode de vie rural. La sobriété nous rapproche de la nature, et nous libère de toute dépendanceà un mode de vie capitaliste. On gagne alors en autonomie, et on se déleste du lourd fardeau de l'anxiété liée à notre quête de superflu qui nous prive littéralement de notre paix d'esprit . On se sent libéré de l'égo et de notre fausse identité, loin des facteurs externes de ce monde illusoire.

Tout cela nous ramène à notre tranquillité d'esprit etun état méditatif constant.

4.9.25 **L'AMOUR** : Certaines qualités comme l'amour ne sont pas des qualités fondamentales. L'amour est la somme totale de toutes les belles qualités humaines. Toutes les autres, lorsqu'elles sont présentes sous leur forme pure et positive créent un acte ou une pensée d'amour. Le Karma basé sur l'amour est en fait le vrai Dharma. C'est le sens du véritable amour. Ce que nous pensons de l'amour véritable entre deux personnes n'est en fait qu'une pulsion sous tendue par un désir de posséder cette personne. La relation est ainsi construite sur une volonté de contrôle, d'attentes dans l'idée d'assouvir des désirs égoïstes. Le véritable amour doit être inconditionnel, ce qui signifie que si toutes les qualités humaines sont pleinement positives, alors l'amour sera naturellement inconditionnel. Quant aux conditions à cet amour, elles sont fondées sur l'ego ainsi que d'autres traits humains négatifs qui rendent toute notion d'amour impure. L'esprit est pur lorsque chaque pensée et action sont remplies d'un amour véritable.

Il est également nécessaire de réfléchir aux raisons pour lesquelles on devrait aimer quelqu'un plus ou moins. L'humanité a été conçue comme une seule grande famille où tout le monde est sur un pied d'égalité dans l'univers. Quand on réalise que nous sommes tous égaux, alors la question d'aimer quelqu'un plus que les autres devient superflue. Cette différenciation conduit à nouveau à un conditionnement. Il est différent d'aimer davantage sa famille et moins autrui car il s'ajoute ici une notion de responsabilité envers les siens. Cela ne signifie pas que vous aimez davantage votre famille.Il s'agit plutôt d'un attachement et non d'un amour véritable.

Imaginez à quel point nous serions en harmonie si chaque interaction entre deux personnes était toujours remplie d'un amour véritable et inconditionnel. Ce que nous voyons comme de l'amour est en fait une forme d'attirance, d'attachement et de luxure; toutes ces traits négatifs qui nous conduisent à la souffrance. Le véritable amour est éternel et permanent. L'idée que nous nous faisons de l'amour n'est au fond qu'une pensée transitoire qui change au gré de nos comportements.

Ainsi, si le véritable amour était présent dans chacune de nos pensées et actions, alors notre esprit serait toujours dans un état de béatitude. Pas de pensées négatives, un esprit pur, libéré de toutes les misères du monde.

4.9.26: **LA COLÈRE**

Tout comme l'amour, la colère n'est pas non plus une qualité humaine fondamentale. C'est le résultat de quelques aspects fondamentaux qui se sont accordés négativement chez une personne. La colère est source de stress, d'anxiété, de dépression et de maladies. Elle affecte la santé de plusieurs façons.

Lorsque nous courons après des désirs superflus, cela donne lieu à des attentes, de l'intolérance, de l'impatience et, par la suite de la colère. Ainsi, si nous nous mettons souvent en colère, il est nécessaire de regarder du côté des traits négatifs que nous devons maîtrisé et supprimé, afin de ne plus être sous le coup de cette émotion.

La colère est acceptable (quand nous la ressentons au lieu de l'incarner, ce qui est différent). Montrer de la colère, c'est comme faire preuve de fermeté au travail en s'assurant d'une certaine discipline par exemple.

4.9.27 **LA SANTÉ**

Une bonne santé est essentielle à un esprit sain. Si notre santé n'est pas bonne alors nous ferons remonter de nombreuses traits négatifs comme la peur, l'anxiété, l'incapacité à effectuer certaines tâches, le manque de confiance. En fin de compte, ce sont les pensées négatives qui agissent sur le corps lui-même et aboutissent à des problèmes de santé. Les maladies ne sont pas dues à des causes externes mais directement à l'esprit. Plongeons maintenant dans le vif du sujet pour comprendre les enjeux. En effet, si l'on a besoin de se mettre dans une posture (asan), il faut avant tout maîtriser cette posture. Pour méditer, une heure par exemple, le corps doit être capable de rester absolument immobile sans sensations d'inconfort sans quoi le corps lui-même devient une source de perturbation et de distraction pour notre pratique. Beaucoup de gens viennent en cours de méditation et pensent que l'enseignant fera de la magie, qu'ils vivront une expérience inédite, sans même comprendre que s'ils ne peuvent même pas s'asseoir correctement pendant un certain temps, ils ne seront pas en mesure de méditer. Aucun professeur ne l'annonce à ses nouveaux disciples, ce qui irait à l'encontre de ses enseignement.

4.9.28 **L'ACCEPTATION**: Que se passe-t-il lorsque nous n'acceptons pas de devoir faire face à des situations défavorables, qui ne répondent pas à nos attentes ou n'assouvissent pas notre désir ou encore lorsque nous perdons quelque chose. Cela nous rend malheureux. Et pourtant, qu'est-ce que le destin ? Si nous nous gardons cela en tête alors nous serons capable de percevoir ces situations défavorables d'un autre œil et nous serons à même de les accepter grâce à notre capacité à rester impassible. Si nous n'acceptons pas les aléas de la vie, alors nous resterons malheureux pour toujours, refusant notre condition, bloqué par nos pensées négatives.

4.9.29 **L'ACCEPTATION**

Ça n'est qu'après avoir accepté notre condition et compris le destin que nous nous pourrons nous concentrer uniquement sur le karma dont l'amour inconditionnel en est l'ingrédient principal. Ainsi, nous pourrons nous en remettre au Créateur. C'est notre ego qui nous donne la fausse impression que nous sommes à l'origine de ce qui arrive. Si cela était vrai, nous aurions l'assurance d'obtenir tout ce que nous désirons dans la vie. En réalité, nous ne pouvons uniquement nous assurer un karma en accord avec le dharma. Pour chaque karma, la rédemption arrive au moment prévu. Notre seul choix est de nous en remettre au Créateur, en cessant de croire que nous sommes à l'origine de ce qui nous arrive. Nous devons nous défaire de ce raisonnement égoïste sans quoi nous échouerons, tenu à la merci de nos pensées négatives.

Nous pouvons nous donner des vraies intentions pour atteindre nos buts et faire des efforts sincères en ce sens, envers nous-mêmes et les autres. Cela est requis pour toute transformation de soi. Les livres et les mentors ne seront que des guides qui ne remplaceront jamais une vraie introspection.

** « À CE STADE, NOUS AVONS ABORDÉ PRÈS DE 30 CARACTÉRISTIQUES HUMAINES ET JE POURRAIS ALLER PLUS LOIN MAIS CELA NE FERAIT QUE DE MÂCHER LE TRAVAIL POUR VOUS , CE QUI RENDRAIT LE TOUT TRÈS ENNUYEUX, Y COMPRIS LA LECTURE DE CETTE SECTION CONSACRÉE AU DHARMA. PAR CONSÉQUENT, JE M'ARRÊTERAI ICI ET VOUS LAISSERAI LE SOIN DE FAIRE VOUS-MÊME UNE INTROSPECTION DE TOUTES VOS CARACTÉRISTIQUES.

CHAPITRE – 5

CHAMP ÉNERGÉTIQUE ET ESPRIT

5.1 Les pensées qui circulent à travers le système nerveux ne sont que des signaux électriques et nous savons tous transportent de l'énergie. L'univers entier n'est autre qu'un flux constant d'énergie qui ne cesse de changer de forme. Par conséquent, lorsque nous étudions le cheminement d'une pensée dans l'esprit, en étudiant l'origine de la pensée (un signal sortant qui fait suite à un signal entrant) alors nous comprenons qu'elle est énergie. La pensée est un signal sortant suite à des signaux arrivant des organes sensoriels qui va agir sur le corps. L'énergie créée sera transformée, impactant ainsi le fonctionnement du corps humain.

5.2 Chaque fois que nous agissons, notre âme essaie toujours de nous guider et de nous dire ce qui doit être fait selon le design humain mais beaucoup d'entre nous préfèrent ignorer l'appel de l'âme et suivre leur esprit qui fonctionne selon nos caractéristiques humaines actuelles. L'âme est empreinte des vraies qualités humaines, c'est la forme de conscience la plus pure. L'âme est également immortelle et la conscience est un flux continu d'énergie omniprésent.

5.3 Nous vivons dans un champ d'énergie en constante évolution qui a son effet non seulement sur nous, mais aussi sur les êtres vivants qui nous entourent. Je suis sûr que nous comprenons tous les champs énergétiques et leurs effets. Sur la base d'un champ énergétique, nous sommes en mesure de dire que telle où telle personne n'est très négative ou très positive. Nous appelons cela l'intuition ou l'instinct, mais nous n'avons jamais analysé ce qu'ils sont vraiment. C'est ce flow d'énergie qui circule entre deux personnes, même quand elles ne sont très proches physiquement et qui dit quelque chose de la personne que nous rencontrons. Nous parlons parfois de langage corporel mais qu'est-il donc? Quelles informations sont échangées à travers le langage corporel? Les femmes l'utilisent généralement pour décider si elles peuvent faire confiance en un homme. Qu'est-ce qui le leur dit? Nous ne l'avons jamais analysé.

5.4 L'énergie créée par les pensées dans notre esprit a son propre champ électromagnétique. La pensée étant le résultatd'un signal entrant venant au cerveau par les organes sensoriels ou la mémoire. Les signaux transportent une énergie qui contient un signal codé. Techniquement parlant, notre corps agit comme une machine. Chaque création de l'univers est scientifique et la science est fondée sur la logique. Une science infinie.

Ce champ créé par l'énergie des pensées est également connu sous le nom d'aura. Lorsque nous rencontrons une personne qui est consciente au niveau spirituelle, nous ressentons quelque chose de très différent en sa présence, sans en comprendre la raison scientifique.

5.5 Lorsqu'une personne est fortement chargée d'énergie positive, son énergie résonne avec l'énergie de l'univers. Elle s'aligne naturellement à la loi universelle. C'est ainsi qu'elle manifeste facilement ses pensées du fait de sa résonance avec la conscience universelle. De nombreuses expériences se concrétisent à mesure que l'esprit se purifie dans sa résonance à l'univers. Les gens revendiquent alors des dons surnaturels. En arrivant à un tel stade dans notre pratique, notre esprit commence à nous offrir des expériences qui ne se limitent pas aux dimensions du temps et de l'espace. L'esprit est très puissant et nous accédons à son pouvoir à mesure que nous progressons vers la réalisation de soi.

5.6 Tout le monde est d'accord pour dire que le souvenir d'une personne qui remonte à loin dans notre vie nous vient d'une certaine forme de communication. Nous appelons cela la télépathie. Ça n'est autre qu'une conscience alignée grâce à notre champ énergétique qui fait partie du champ énergétique collectif. La mauvaise utilisation, bien souvent abusive de la technologie conduit également à des effets nocifs sur notre santé. Bien que ceux-ci ne soient pas tangibles, ils n'en restent pas moins réels. Si vous êtes d'accord pour dire que toute contribution au champ d'énergie existant sera d'un impact certain, nous devrions essayer de comprendre son action sur les champs énergétiques individuels.

CHAPITRE – 6

EFFET DE L'ESPRIT SUR LA SANTÉ

6.1 Qu'est ce qui contrôle le fonctionnement de des organes et des systèmes internes de notre corps ? Notre esprit , du moins notre cerveau pour être plus précis. Nos fonctions internes se produisent automatiquement car elles sont préprogrammées dans notre cerveau. Le corps remplit non seulement son programme interne mais il dispose également d'un mécanisme pour lutter contre les maladies et se guérir. Par conséquent, il a été scientifiquement conçu pour fonctionner correctement à moins que des facteurs externes ne l'influencent, provoquant un dysfonctionnement ou un déséquilibre interne.

6.2 Notre corps suit une logique scientifique et cohérente. Pour qu'un système aussi complexe puisse fonctionner, il y a forcément un maître d'orchestre qui est notre cerveau. Le cerveau fonctionne comme l'unité centrale du corps humain. Il envoie toutes les commandes nécessaires aux différents organes et au système interne pour un fonctionnement efficace et optimal.

6.3 Par conséquent, tout signal indésirable qui arrive au cerveau, s'il n'est pas nécessaire au bon fonctionnement du corps entraînera un dysfonctionnement du corps. D'ailleurs, ces influences externes indésirables sont de nature logique et non physique. Ce ne sont rien d'autres que des pensées négatives. Lorsque nous nous sentons épuisé mentalement ou stressé, cela est essentiellement du à des pensées négatives responsablesd'un surmenage de l'esprit. Le cerveau, à son tour produit alors des pensées négatives qui elles-mêmes créent un champ négatif, agissant ensuite sur le corps lui-même. Le corps va alors mobiliser ses ressources internes et de l'énergie supplémentaire afin d'équilibrer ce champ d'énergie négative. Nous nous sentons alors stressé et lorsque cela se produit à intervalles plus réguliers en plus grande intensité, cela conduit à des déséquilibres internes, qui sont source de maladies.

6.4 Le corps humain reçoit trois types d'informations : la première à travers l'esprit se fait grâce aux organes ses sens et de la mémoire. Ensuite, la nourriture et l'oxygène, qui fournissent le carburant nécessaire au corps. Enfin, la force externe par l'exercice physique qui assure endurance et forme physique.

En plus de l'esprit, nous devons également nous assurer que nous comprenons nos besoins physiologiques en étant plus conscient de nos habitudes alimentaires et de notre mode de vie. Nous avons besoin d'une alimentation simple et saine. La science de l'Ayurveda traite de ces bases nutrition et bien-être. Les asanas du yoga sont la science de la forme physique et de la

force. La méditation est la science de la purification du contrôle de l'esprit. Tout cela est nécessaire à nous assurer une vie saine et un bien-êtreholistique, tant mentalement que physiquement. C'est à la fois la science yogique et la « Loi de la Nature » ou la « Loi du Karma et du Dharma ».

View from Almora, Himalayas - India

CHAPITRE – 7

CONCEPTS DE SPIRITUALITÉ

7.1 La spiritualité n'est rien d'autre que l'humanité. Elle consiste essentiellement à faire son karma selon le dharma. C'est une définition très courte de la spiritualité. La quête de la vérité sur l'existence et le fonctionnement des êtres humains est une quête de l'âme et de l'esprit. Être dans ce processus est en soi la spiritualité. Quand on commence cette exploration de soi alors on progresse spirituellement sinon ce ne sont que des hypothèses égoïstes pour se sentir bien, comme supérieur aux autres.

7.2 Quand quelque chose de nouveau se produit dans leur corps ou dans leur esprit, les gens commencent à dire qu'ils sont devenus spirituels. Les gens qui visitent des temples se disent aussi spirituels. Un criminel qui se rend dans un temple n'en deviendra pas plus spirituel. En réalité, si vous poursuivez et répondez à de mauvaises pensées et vous avez un mauvais karma, alors vous ne pouvez prétendre être spirituel.

7.3 La spiritualité n'est pas le fruit d'une auto-allégation. Le chemin vers la spiritualité est très personnel et tout ce qui se trouve sur ce chemin n'a pas pour but de prouver que l'on est une bonne personne.

7.4 Lorsque nous devenons vraiment spirituel, nous rencontrons alors des gens avec lesquels nous sommes aligné et nous nous distancions naturellement d'autres plus matérialistes.

7.5 Échapper aux responsabilités sociétales ou au karma n'est pas de la spiritualité. C'est en fait de la paresse.

7.6 Dans la spiritualité, il faut juste être conscient de son Karma et suivre le Dharma.

7.7 Nos actions créent notre destin. Chacune d'entre elles donne un résultat car pour chaque action, il y a une réaction. C'est la loi de la transformation ou de la conversion d'énergie. Les pensées mènent à des actions qui deviennent notre karma. Si le Karma est basé sur le dharma (les bonnes qualités), alors ses résultats seront bénéfiques, nous amenant vers un destin favorable. Comme le dit le dicton « Vous récoltez ce que vous semez ». Ces citations sont empreintes d'une sagesse éprouvée depuis des siècles. Ce sont nos expériences de vie qui nous l'enseignent par les nombreuses preuves de nos expériences quotidiennes. C'est un apprentissage introspectif à travers le livre appelé la Vie.

7.8 Nous manifestons des choses lorsque nous sommes aligné au dharma, et que nous n'entravons pas le flux cosmique de l'énergie. Des obstacles se produisent lorsque nous ne basons pas nos actions sur le dharma ou loi de la nature. Les manifestations ne sont rien d'autres que les résultats bénéfiques de nos bons karmas. On ne peut manifester de désirs futiles car cela en soi nous conduira à des attentes mal placées, nous coupant du flux de l'énergie cosmique.

7.9 Les expériences spirituelles ne sont autres que l'expérience de la béatitude découlant de la purification du corps et de l'esprit. Cela peut nous mener à des expériences qui ne peuvent pas être vécues dans les dimensions actuelles du temps et de l'espace. De telles expériences peuvent nous doter d'une intuition forte, de visions et de clarté. Elles nous permettent de réaliser que ce monde est illusion et qu'il y a un pouvoir mystique au-delà de celui-ci. Le simple fait de rencontrer une personne qui s'est réalisée spirituellement, pleinement connectée à son âme, vous ouvrira les portes d'un bonheur ultime par sa simple présence.

7.10 **Quelques grands principes spirituels**

7.10.1N'essayez pas de faire en sorte que cela se produise, permettez plutôt que cela se produise.

7.10.2Le monde est une illusion ou plutôt tout ce qui est visible est une illusion.

7.10.3 Le monde entier est une famille et nous sommes tous égaux.

7.10.4Chaque objet dans ce monde, même une pierre est en vie en ce qu'elle a une composition matérielle, donc de l'énergie et l'énergie, c'est l'essence de vie.

7.10.5 Essayez de ressentir les vibrations de chaque lieu et de chaque personne.

7.10.6 Le visage et le corps reflètent le champ énergétique d'une personne et indiquent l'état d'esprit qu'elle possède.

7.10.7 Le Guru émergera quand vous aurez fait un réel effort pour progresser sur votre chemin spirituel » Le Guru est à l'intérieur de vous. La vie autour de nous est aussi la présence du Guru, comme elle nous l'enseigne, Nous apprenons de tout ce que nous voyons ou rencontrons, à condition que nous soyons ouvert à l'apprentissage et réceptif.

7.10.8 Aimez et servez chacun.

7.10.9 Le bonheur est omniprésent; il n'est pas quelque chose à chercher. Le bonheur n'est pas lié au temps ni à l'espace. Il n'est donc pas nécessaire d'aller où que ce soit. Nous n'avons qu'à soulever le voile de l'ignorance et de l'illusion pour découvrir ce bonheur omniprésent en chacun de nous.

7.10.10 **À l'opposé de la MÉDITATION, il y a la distraction** – identifiez donc vos distractions et les causes de celles-ci, puis travaillez à les éliminer. Rappelez-vous que les causes premières sont vos traits négatifs et non l'objet de la distraction.

7.10.11 Ne faites pas semblant de méditer, Ne vous laissez pas berner.

7.10.12 La simplicité, l'austérité et le renoncement sont l'essence même d'un vrai yogi, les autres ne font que prétendre l'être. Les vrais yogis ne se soucient de la gloire ni de l'argent.

7.10.13 Ne clamez pas votre spiritualité, ce n'est qu'un effet de votre ego. Soyez plutôt honnête avec vous-même afin de ne pas devenir une personne paresseuse et ignorante.

7.10.14 Le détachement complet est très difficile à atteindre pour libérer complètement notre esprit de ce monde illusoire. Obtenir une paix d'esprit entière et totale requiert un effort constant.

7.10.15 La joie de donner est la meilleure expérience à vivre. Tout le monde n'a pas la chance de la ressentir. Tout le monde n'a pas l'occasion de la vivre. Sans générosité, on ne peut la connaître. Servir de manière désintéressée est le seul karma que nous devons mener, et c'est ainsi que nous vivrons la joie de donner.

7.10.16 Le Karma & Dharma sont les seuls secrets de notre bonheur et libération de notre esprit endoctriné. Le karma et le dharma ne sont que la loi de la nature et l'œuvre du Créateur.

7.10.17 Quel nom donnez-vous à cet être qui a créé l'Univers et le gère ?

7.10.18 Et si vous n'aviez pas de nom, comment vous décririez-vous ? Pourriez-vous vous comparer à d'autres personnes ?.

7.10.19 Si vous appartenez à une confession particulière, avez-vous lu le livre religieux et l'avez-vous compris? Qu'en avez-vous pensé ?

7.10.20 Si vous cessiez de vous comparer aux autres, ne feriez-vous pas un avec l'Univers ?

You must not chase the red dot. be still and let it come to you.

CHAPITRE – 8

MYTHES AUTOUR DE LA MÉDITATION

8.1 Aucun professeur de méditation moderne n'a de technique magique ou de pouvoirs magiques pour vous amener à un état méditatif quand vous êtes assis les yeux fermés.

8.2 La méditation guidée n'est qu'un terme inventé pour tromper les gens, car aucun enseignant ne peut vous guider vers la méditation. Ceux qui sont en quête de méditation guidée sont ceux qui ne veulent pas faire leur propre chemin.

8.3 La méditation est en réalité un état à atteindre par une transformation constante qui arrive en son temps par une introspection constante. Le mot utilisé pour décrire cette pratique en langue indienne est SADHANA.

8.4 La position assise, les yeux fermés ne peut pas éliminer les soucis de votre esprit,. Ils peuvent s'en aller momentanément en s'attardant sur une autre distraction comme les enseignants le disent, telle que la respiration. Après la séance, l'esprit revient au même état de chaos. Ce n'est donc qu'une astuce vers une fausse idée de la méditation, enseignée par des professeurs inexpérimentés qui n'ont pas atteint la conscience de soi. La méditation ne consiste pas en une sensation agréable transitoire.

8.5 De plus, même si un enseignant vous fait vous asseoir en posture de méditation, peu importe l'endroit, il vous faudra alors être capable de rester assis dans ladite posture, ce qui est difficile pour la plupart des gens. Il est donc nécessaire de pratiquer la simple posture assise pendant une longue durée dans le but de garder un esprit serein sur la durée et non pas seulement lorsque vous êtes assis.

8.6 L'esprit est comme un moteur qui tourne constamment et lorsque nous essayons de méditer par une méditation guidée ou tout une technique, nous sommes capable d'éteindre ce moteur ou de le ralentir. Ainsi, cette expérience nous apporte un peu de calme et nous sentons que nous avons accompli quelque chose dans la méditation. Par conséquent, sans connaître la définition, le but et le processus de la méditation nous donne un sentiment de calme et nous avons l'impression d'avoir progressé dans la méditation. En réalité, en l'absence d'une définition réelle, d'une connaissance de son sens ultime, c'est une perte de temps et d'énergie. Lorsque l'esprit pense sans cesse, il est constamment en fonctionnement, ce qui signifie que le moteur continue de tourner, gaspillant ainsi notre énergie dans des choses et pensées inutiles. L'esprit doit être garé comme une voiture lorsqu'il n'est pas utilisé, et ne démarrer qu'en cas de besoin afin d'être utilisé efficacement et avec une concentration totale.

RÉFÉRENCES AND INSPIRATIONS

9.1 Ma chaîne YouTube nommée « Shiv Mathur » - avec des vidéos dans cinq catégories.

9.1.1 Les Yogis que j'ai rencontrés dans l'Himalaya qui semblent avoir atteint le sadhana.

9.1.2 Philosophie de la méditation

9.1.3 Spiritualité

9.1.4 Voyage spirituel

9.1.5 Chants dévotionnels, Bhajans & Kirtans de lieux reculés

9.2 Musique dévotionnelle de divers artistes

9.3 L'inspiration des yogis et des saints suivants:

9.3.1 Swami Vivekananda

9.3.2 Maa Anandamayee

9.3.3 Ramana Maharishi

9.3.4 Paramhansa Yogananda

Pour tout commentaire ou demande de clarification ou toute autre question, n'hésitez pas à m'écrire à shivmathur0903@gmail.comou à me retrouversur ma chaîne YouTube : http://youtube.com/c/ShivMathur

Vous pouvez aussi contacter Anissa Zekkouti sur son site www.brooklynfit.fr

TATWALE BABA

MAA ANANDAMAYEE

RAMANA
MAHARISHI

NEEMKAROLI
BABA

NISARGDUTTA
GURU JI MAHARAJ

SWAMI RAMA

SHRI YUKTESHWAR GIRI JI MAHARAJ

PARAMHANSA YOGANANDA

SWAMI
VIVEKANANDA

ACHARYA
BHASKAR JOSHI JI

Livre en préparation :

Titre :	Rencontres spirituelles
Sous-titre :	Mon voyage spirituel et mes explorations
Référence :	La vidéo You Tube sur ma chaîne Mon voyage spirituel Partie-1 et Partie-2 : bref résumé de ce qui sera traité en détails dans mon prochain livre.

www.ingramcontent.com/pod-product-compliance
Lightning Source LLC
LaVergne TN
LVHW091055150826
845673LV00002B/581

* 9 7 9 8 2 3 0 2 7 4 4 7 6 *